EL SABOR DE LAS ESPECIAS

Obra editada en colaboración con Editorial Planeta – España

Bajo el sello editorial PLANETA M.R.
Avenida Presidente Masarik núm. 111,
Piso 2, Polanco V Sección, Miguel Hidalgo
C.P. 11560, Ciudad de México
www.planetadelibros.com.mx

Primera edición impresa en España: octubre de 2024
ISBN: 978-84-480-4191-5

Primera edición impresa en México: julio de 2025
ISBN: 978-607-39-3087-1

Impreso en los talleres de Impregráfica Digital, S.A. de C.V.
Av. Coyoacán 100-D, Valle Norte, Benito Juárez
Ciudad De Mexico, C.P. 03103
Impreso en México - *Printed in Mexico*

YULI
PERPÉN

FOTOGRAFÍAS DE PABLO GIL

Todo lo que
necesitas saber para
transformar tus platillos

EL SABOR DE LAS ESPECIAS

Planeta

A mi padre, que estará nadando con los atunes y dando recetas a los espíritus del mar siempre guardando el secreto de su paella.

A mi madre, que susurra a las buganvillas, hace brotar hermosas plantas con sus *green fingers* y tiene una mano infalible para las calabacitas rellenas, la sopa de jitomate y los pucheros blancos, capaces de resucitar a un alma en pena.

ÍNDICE

PRÓLOGO

La alquimista pertinente

Quince años atrás, en España se sabía poco sobre el mundo de las especias. Un especiero básico español no salía de alguna pimienta, canela en polvo, paprika, nuez moscada y clavo. En las cocinas pudientes usaban el azafrán para hacer las paellas, mientras que en las más humildes abusaban del colorante alimenticio para teñir sus arroces. Los especieros ocupaban un lugar casi olvidado en las alacenas, muriendo en silencio, ahogando su aroma en botecitos mal cerrados, fuera de fecha.

En aquel entonces, los mercados de abastos de Madrid fueron desapareciendo y con ellos las pequeñas tiendas a granel, lugares únicos donde los más viajados podían encontrar alguna especia diferente.

Corría el año 2009 cuando una gaditana de La Línea, procedente de Londres, Juliana Perpén (a la que todos llamamos y conocemos como Yuli), decidió abrir una tienda de especias en el barrio de Malasaña, Spicy Yuli. Un pequeño establecimiento de fachada azulada con un discreto escaparate —sombrío pero tentador— y un hipnótico perfume a yuzu, cardamomo, vainilla... Aquello fue el comienzo de una nueva etapa en la gastronomía cotidiana y una puerta abierta a la sabiduría culinaria. Yuli, sin saberlo, estaba creando tendencia. Avivó las mentes y el capricho de cocineros, amos y amas de casa y algún que otro despistado que entraba en aquella pequeña tienda, como quien atraviesa el espejo, llega al País de las Maravillas y descubre el paraíso de las especias. Entrar en Spicy Yuli a comprar cincuenta gramos de curry rojo supone una larga y deliciosa charla sobre orígenes, usos y curiosidades.

Yuli fue pionera. Una visionaria. Pronto muchos la imitaron: se abrieron nuevas tiendas a su imagen y semejanza, y los barrios comenzaron a tener incluso bellas tiendas de legumbres, especias y hierbas de olor a granel. Comenzaba así una nueva era en la gastronomía cotidiana.

El sabor de las especias es un paso más en esta historia. Todo ese saber que Yuli despacha en su tienda aparece ahora recogido en esta biblia de las especias. Este es un libro sabio y necesario, en el que no sobra un adjetivo ni falta un dato histórico. Un manual que invita a ser disfrutado de dos maneras: o buscando la especia que necesitas para tu cocina diaria o sentándote en la mesa a leer con calma y gusto, como si estuvieras con Yuli en una larga y deliciosa sobremesa. Seguramente, el 70% de las especias que aparecen en este libro no las conocerás, pero esa es su magia y su acierto: condimentar nuestro cerebro para abrirlo a nuevos aromas y sabores. Así es Yuli, una alquimista pertinente, una sabia conocedora del mundo de las especias, generosa en la transmisión de su conocimiento e inconformista por naturaleza. Qué suerte tenemos de que este libro haya caído en nuestras manos. Ahora solo nos queda leer, aprender y cocinar.

Sara Cucala
Escritora, periodista y directora de cine
Propietaria de la librería y escuela A PUNTO

INTRODUCCIÓN: EL GESTO QUE LO CAMBIA TODO

Adentrarse en el fascinante mundo de las especias y transmitir mi pasión por ellas sin caer en dogmatismos fáciles e imposiciones de gusto intransigentes no es tarea fácil. En un tiempo en el que las modas gastronómicas encumbran o destierran un producto comestible, las especias continúan estando presentes tanto en la comida de nuestro día a día como en las cocinas más refinadas del mundo entero. Crecen en la selva, en la linde de los caminos, a las orillas del río, en remotos rincones o en cultivos sistemáticos de tierras productivas.

Casi siempre en pequeñas cantidades —una pizca, un cuarto de cucharadita—, transforman la materia prima —el pescado, la carne, las verduras— en algo diferente, interesante, sorprendente e incluso sublime.

Sus mayores detractores, defensores del sabor natural de los alimentos sin más aderezo quizás que un buen aceite o un poquito de sal, se pierden a mi entender todo un abanico de posibilidades, de infinitas combinaciones que a lo largo de la historia de la humanidad han dejado tras de sí un legado gastronómico que sigue vivo. Es una especie de lenguaje universal que no deja de reinventarse, de encontrar nuevas formas de comunicación, de compartir una voz que nos alimenta y nos hace desear nuevas experiencias que llenen nuestro paladar con la sencillez o la complejidad que cocinar cualquier alimento conlleva, acompañadas siempre con ese maletín mágico de especias que lima asperezas y nos sienta a la mesa con la esperanza de lucir una sonrisa en los ojos al primer bocado, al primer sorbo.

Con un gesto a veces casi insignificante, a menudo rutinario y en ocasiones excepcional, la especia o las especias abren una puerta a los recuerdos de la infancia, a sabores conocidos que nos encantan y a otros mundos cuyo boleto de ida puede ser un humilde grano de pimienta o unas extraordinarias hebras de azafrán.

¿QUÉ ES UNA ESPECIA?

Si atendemos a la definición que recoge la RAE, no debería representar ninguna dificultad: «Sustancia vegetal aromática usada como condimento». No debe confundirse con especie, clase o conjunto de seres semejantes.

También se acepta que una especia es la parte aromática y seca de una planta que se usa para cocinar, y quedan fuera todas aquellas hierbas de olor frescas que ya cuentan con su propio nombre grupal.

Sin embargo, mirando muy atrás en el tiempo y observando el propio presente, ninguna de estas dos definiciones parece abarcar el complejo mundo de las especias, en cuyo pasado encontramos el azúcar o el ámbar gris y en cuyo presente podemos incluir el katsuobushi o las flores de lavanda.

Los límites son borrosos y complejos en algunos casos (cacao, setas secas, algas) y obvios en otros (canela, clavo, pimienta). Así que esta es una propuesta más que espero guste a muchos, decepcione a pocos y no deje indiferente a nadie.

Partes de la planta que se consideran especia y otros orígenes

Corteza: canela, casia

Bulbo: cebolla, ajo, escalonia, cebollín

Capullos: clavos, alcaparras, capullos de rosa

Flores: azahar, lavanda, azafrán, jazmín

Frutos (semillas): anís, ajwain, neguilla, alcaravea

Frutos: pimientas, chiles, cardamomo verde, cardamomo negro, pimienta de Sichuan, anís estrella, tamarindo, vainilla

Hoja: laurel, sasafrás, curry, laurel indio, mirto limón, verbena, pandanos, lima kafir, aguacate

Hoja y tallo: angélica, albahaca, cilantro, fenogreco, apio, hinojo, hisopo, mejorana, orégano, perejil, trébol de olor amarillo, shiso, salvia, hierbabuena

Liquen: flor de piedra (*stone flower, Parmotrema perlatum*)

Resina: almáciga, asafétida

Rizoma (tallo subterráneo que envía tanto raíces hacia abajo como brotes hacia arriba): galanga, jengibre, cúrcuma, wasabi, zedoaria (cúrcuma blanca)

Piel: naranja, limón, lima, toronja, mandarina, bergamota, limones en conserva, limas secas

Raíz: angélica, apio, cilantro, rábano picante (horseradish), regaliz, perejil

Semilla: achiote, mostazas, ajonjolí, fenogreco, cardamomo, granos del paraíso, mahleb, neguilla, macis y nuez moscada, granada

De origen animal: salsa de pescado, pasta de camarón, katsuobushi

Frutos (bayas): pimienta gorda, pimienta negra, cubeba, agracejo, bayas de laurel, lima, limón, limas secas, kokum, pimienta larga, amchur, naranja, toronja, pimienta rosa, zumaque, enebro

Recomendaciones

- Comprar las especias enteras siempre que sea posible.
- Tostar y moler especias en pequeñas cantidades.
- Mantener las especias lejos de la luz, la humedad y el calor.
- Cuando las vayas a echar, ayúdate de alguna cuchara o cucharita. No acerques los botes al recipiente donde estés cocinando para que no les entre vapor y se humedezcan.
- Conservar en botes de cristal, metal o plástico que cierren bien.
- Conservar en el refrigerador solo aquellas especias que corran el riesgo de enranciarse (mahleb, ajonjolí).
- Las especias caducan pero no lo hacen de forma tan evidente como la fruta, el pan o el pescado, sino que pierden el aroma o pueden enranciarse o secarse y perder todos sus aceites esenciales, los cuales suelen ser muy volátiles.
- Las recetas que aparecen en este libro son una simple guía, no fórmulas inamovibles. Algunas especias se pueden sustituir por otras, pero, como es lógico, el resultado final cambiará. Lo mismo ocurrirá si prescindes de tal o cual ingrediente. Planificar la receta con algo de tiempo siempre ayuda, ya que algunos ingredientes solo se encuentran en tiendas especializadas o en mercados con una amplia oferta de productos de otros países.
- La preparación ayuda más de lo que crees, sobre todo en recetas con muchos ingredientes.
- Si el plato lleva varias especias, prepara recipientes con las cantidades o al menos deja cerca los frascos donde las guardes para que te sea cómodo tomarlas.
- Los tiempos de cocción varían mucho, sobre todo en hornos. Tú, mejor que nadie, sabrás interpretar los de tus propios aparatos.
- Sucede lo mismo con las porciones: adapta las recetas al número de comensales o a tu apetito.

UN VIAJE POR EL MAPA DE LAS ESPECIAS

Son muchos los países que contribuyen al maravilloso y fragante universo de las especias. Entre ellos encontramos la India, Turquía, China, Colombia, Etiopía o Sri Lanka. Sin embargo, no hay que olvidar la relevancia de las islas Molucas, que jugaron sin duda un papel muy importante en el comercio de las especias hasta el siglo XVII, o la contribución de Madagascar en lo que a la vainilla se refiere, España e Irán con el azafrán, México y sus innumerables chiles o Guatemala y su importante producción de cardamomo.

He intentado abarcar el máximo posible de especias, de lugares de cultivo y de usos, aunque seguramente alguna se me habrá olvidado. Pido disculpas de antemano. ¡Que la travesía te sea grata!

ALCARAVEA (*CARUM CARVI*)

Las semillas de alcaravea (en realidad, frutos) recuerdan mucho al comino, aunque su tamaño es ligeramente mayor y su sabor algo anisado. Se le conoce también como comino alemán, ya que en Alemania se la utiliza mucho en la elaboración de panes, quesos y licores. También se utiliza comúnmente en Europa del Este y en Marruecos.

En nuestra cocina es conocida como ingrediente clave en los camarones de almorta y en el morteruelo, ambos platos pertenecientes a la cocina manchega. Menos conocido es su uso en las alboronías, que son el origen de los pistos actuales y también de la ratatouille francesa y la caponata italiana.

Su sabor ligeramente anisado hace de esta especia un ingrediente versátil que puede utilizarse en elaboraciones saladas y dulces. Además, la alcaravea tiene propiedades digestivas y carminativas. En la era victoriana, se consumían semillas de alcaravea envueltas en azúcar (*confits*) para refrescar el aliento y facilitar la digestión. En algunos restaurantes indios, las bolitas de colores que se ofrecen al final de las comidas (pan masala) no son otra cosa que estos *confits* hechos no solo de alcaravea, sino también de hinojo y anís.

Según la leyenda, poner semillas de alcaravea en el bolsillo de la persona amada evitará que nos sea infiel o nos abandone.

ALBORONÍA ANDALUSÍ DE CALABAZA Y BERENJENAS

La palabra «alboronía» proviene del vocablo árabe *al-buraniyya*, que significa «cierto manjar». La leyenda dice que viene del nombre de la princesa Buran, ya que se preparó por primera vez para su boda.

Este plato de origen andalusí ha ido evolucionando con el tiempo, sobre todo por la inclusión de jitomate en las recetas más recientes. Te dejo la receta que uso yo.

Para 4 personas:

4 berenjenas
½ kg de calabaza pelada
2-3 dientes de ajo picados
1 cebolla grande picada
Aceite de oliva virgen al gusto
1 cucharadita de alcaravea en grano (ligeramente tostada)
1 cucharadita de comino en grano (ligeramente tostado)
Vinagre al gusto
Cilantro fresco picado o perejil
Ajonjolí tostado
Almendras tostadas
Un buen pan en rebanadas para tostar

Precalentamos el horno a 180 °C.

Cortamos las berenjenas por la mitad y las asamos hasta que estén blandas. Desmenuzamos y reservamos. Si queremos conservar la piel, las cortamos.

Hervimos en agua y sal la calabaza en trozos grandes hasta que esté blanda. Cortamos y reservamos.

Sofreímos la cebolla picada. Cuando esté dorada, añadimos las berenjenas y la calabaza. Removemos bien un par de minutos y retiramos del fuego.

Aderezamos todo con el resto de los ingredientes, y servimos con el ajonjolí y las almendras sobre un pan tostado.

Esta receta es ideal para llevarla de pícnic al campo, parque o playa porque se puede comer fría o caliente.

SEED CAKE (PANQUÉ DE ALCARAVEA)

Se trata de una receta tradicional británica que data de antes del siglo XVIII y que se hizo muy popular durante el reinado de la reina Victoria. Es el acompañamiento ideal para una buena taza de té negro o una copita de vino dulce.

Para 8 personas:

125 g de mantequilla sin sal
125 g de azúcar fina
2 huevos batidos
175 g de harina tamizada para panqué

25 g de piel de naranja y de limón confitados
1 cucharadita colmada de semillas de alcaravea
1 cucharada de agua templada

Precalentamos el horno a 180 °C.
Batimos el azúcar con la mantequilla.
Añadimos los huevos batidos poco a poco.
Incorporamos la harina, la piel confitada de cítricos y las semillas de alcaravea.
Echamos el agua y mezclamos bien.
Volcamos la mezcla en un molde engrasado de 15-18 cm y la alisamos con una cuchara. Opcionalmente podemos poner algunas semillas de alcaravea en la superficie.
Horneamos durante 1 hora y con un palito o cuchillo comprobamos que esté bien cocido.
Si la superficie está dorada pero aún no está hecho del todo, cubrimos con papel aluminio para evitar que se queme y horneamos unos minutos más.

AJWAIN

Al igual que la alcaravea, las semillas de ajwain (frutos, en realidad) están emparentadas con el comino. Son de sabor intenso con un alto contenido en timol, el mismo aceite esencial que encontramos en el tomillo. Sus usos son múltiples: pescados fritos y asados, verduras salteadas, arroces y legumbres, etc. Fríe un puñado en aceite o mantequilla clarificada (ghee) y ponlas sobre panes planos (pita, chapatis, naan).

Sus propiedades digestivas son bien conocidas y juegan un papel importante en la medicina ayurvédica por sus virtudes analgésicas. Puedes tomarlas directamente, pero, si te resultan muy fuertes, prepara con ellas una infusión y tómala cuando esté templada.

Las semillas enteras o molidas sin tostar son más adecuadas para arroces, buñuelos y legumbres. Tostadas o fritas —ya sea enteras o molidas— van mejor para los panes y galletas saladas.

PARATHA CON AJWAIN

La paratha es un tipo de pan plano indio que se sirve con el plato principal. Normalmente se acompaña de yogur y conservas.

Ajwain

Almáciga

Para 12 parathas (4-6 personas):

300 g de harina de trigo
1 cucharadita de sal
3 cucharaditas de ajwain
1 cucharadita de cúrcuma
½ cucharadita de pimienta cayena molida
Agua templada
125 g de ghee o aceite de oliva suave

En un bowl mezclamos la harina, la sal, las semillas de ajwain, la cúrcuma y la pimienta cayena molida.

Hacemos un hueco en el centro. Añadimos dos cucharadas de agua templada y empezamos a mezclar.

Vamos echando agua hasta que se forme una masa grumosa. Luego, añadimos más agua hasta conseguir una masa más o menos firme.

En una superficie enharinada amasaremos hasta obtener una masa suave. Nos llevará unos 10 minutos.

Dejamos reposar la masa cubierta con un trapo durante 30 minutos.

Con las manos enharinadas, hacemos bolas del tamaño de una pelota de golf. Después, las estiramos con el rodillo hasta obtener una oblea similar a una crepa. Las iremos amontonando sin olvidar poner un trozo de papel para hornear entre ellas para que no se peguen.

En un sartén, calentamos suficiente ghee o aceite para cocinar las parathas por ambos lados hasta que estén doradas y crujientes.

ALMÁCIGA

La almáciga o mástique es una resina que se obtiene del lentisco, un árbol emparentado con el pistache que crece principalmente en la isla de Quíos, en Grecia. Su almáciga está considerada la de mejor calidad y es una marca distintiva de buena parte de su gastronomía. Esta resina, de sabor fresco que recuerda al pino, se utiliza en la elaboración de licores y dulces, pero también para espesar salsas o incluso como sustituto del chicle, dejando en la boca un sabor muy agradable cuando se mastica. Lamentablemente, es poco conocida fuera de la cocina griega, donde se utiliza para la elaboración del ouzo y el raki (licores) y también en natillas y en un pan dulce de Pascua parecido al brioche llamado tsoureki, que está considerado Patrimonio de la Humanidad.

En el periodo andalusí, la almáciga se utilizó tanto en recetas árabes como sefardíes, especialmente en la elaboración de jaleas, purés y mermeladas. Por otro lado, su utilización como perfume se solía reservar para la primavera.

REGALIZ

Al regaliz también se le conoce como paloduz (palo dulce) porque ese es indiscutiblemente su sabor. Se utilizan sobre todo las raíces, de las que se extrae un líquido oscuro muy potente, dulce y medicinal con el que se aromatiza cerveza (también para darle cuerpo y color a las *porter* y *stout*), elaboran licores y se confeccionan caramelos. Entre las más populares se encuentran las que se elaboraban en el monasterio inglés de Pontrefact, en donde se cultivó regaliz por primera vez en el siglo XVI.

Probablemente el producto más conocido hecho a base de extracto de regaliz y almidón de maíz (el cual confiere una textura gomosa) es el regaliz negro, ya sea en tiras o en grajeas para chupar.

Las raíces cortadas se utilizan para hacer infusiones, y el polvo de regaliz hecho con las raíces molidas se utiliza como saborizante en panqués, galletas y helados.

El regaliz chino se cultiva para su exportación, pero también para condimentar algunas salsas en las que se utiliza repetidas veces un caldo muy especiado como líquido de cocción. En Taiwán (y también en algunas partes de China) se preparan unas conservas llamadas Hua Gua que se preparan con vinagre de arroz, salsa de soya, azúcar y regaliz.

El regaliz era bien conocido por los antiguos egipcios y romanos como remedio para combatir los resfriados. Sin embargo, a pesar de sus propiedades expectorantes y digestivas, no se aconseja un consumo excesivo a aquellas personas que sufran de hipertensión. Por otra parte, su potente dulzor no supone un riesgo para aquellos que sufren de diabetes.

GOLPAR

Las semillas de golpar (*Heracleum persicum*) son de origen persa y están emparentadas con la zanahoria. Se les conoce erróneamente como semillas de angélica por el parecido con dicha planta.

El golpar crece de forma salvaje en las regiones montañosas y húmedas de Irán y algunas áreas adyacentes. En el siglo XIX se introdujo en Escandinavia y hoy en día es muy común en Noruega.

Su sabor es ligeramente amargo, y se suelen usar molidas. En la cocina iraní se utilizan para cocinar legumbres por sus propiedades carminativas (ayudan a reducir la producción de gases en el estómago). También se utilizan en guisados, sopas y para aromatizar vinagre. Sus hojas y tallos pueden hacerse en conserva.

Tradicionalmente, los tallos huecos de golpar los usaban los niños para jugar, a modo de pistolas de agua, cerbatanas y espadas.

Regaliz

Golpar

AMCHUR

Se trata de una especia poco conocida. Se produce a partir de mangos verdes secados al sol y pulverizados. Es propia de la cocina india y tiene efectos beneficiosos para el organismo debido a su alto contenido en antioxidantes.

Su sabor ácido, similar al de la lima, lo convierte en un ingrediente ideal para aderezar ensaladas. En la cocina india se utiliza como acidulante para la preparación de chutneys y conservas, además de ser uno de los ingredientes del interesante chaat masala, una mezcla de especias que se utiliza para algunos curries de legumbres y verduras. También se utiliza para ablandar las carnes rojas y el pollo para asar en el horno tandoor. De igual modo, puedes añadir un poco sobre las papas fritas o a un coctel para dar un toque ácido. Además combina muy bien con el ejote, la calabaza y la berenjena, y sin duda con los camarones o el pescado.

Otras especias que puedes utilizar junto con el amchur son el comino, el cilantro, los chiles de árbol, las semillas de hinojo y las semillas de mostaza. Si no tienes limón, zumaque o tamarindo, el amchur es un buen sustituto. No obstante te recomiendo utilizarlo en pequeñas cantidades, ya que su acidez podría anular otros sabores más sutiles.

El mango es uno de los cultivos más antiguos que se conocen; de hecho, estaba asociado a la alimentación de grandes mamíferos ya extintos. Se cree que, de no haber sido adoptado por el *Homo sapiens*, se habría perdido.

En India se cultivan mangos desde hace cuatro mil años: es uno de los árboles más sagrados para el hinduismo, que lo considera un símbolo de amor y fertilidad. Han ido apareciendo varias leyendas a su alrededor a lo largo de la historia. Una de ellas la protagoniza Kamadeva (Cupido para nosotros). En su aljaba, el dios tenía flechas con distintos poderes. Por ejemplo, la que llevaba con flores de jazmín hacía ver cosas que no estaban presentes, y la de flor de loto provocaba alegría en el corazón. Pero un día Kamadeva decidió probar con la flor de mango, descubriendo que volvía locos de amor a quienes la recibían. Funcionó tan bien que la añadió como uno de sus hechizos más poderosos.

Si en lugar de comprarlo quieres preparar tu propio amchur, elige mangos pequeños sin madurar. Puedes usar una deshidratadora para secar los trozos sin piel, y luego molerlos. Asegúrate de que no quede en ellos nada de humedad. Puedes conservarlos en un frasco bien cerrado y protegido de la luz hasta un año.

ACHIOTE

Se trata de un colorante natural, aunque también aporta sabor a los platos en los que se utiliza. De origen precolombino, el achiote fue utilizado por las tribus indígenas para pintarse el rostro y el cuerpo en ceremonias religiosas y en la batalla. También se bebía para teñir la boca de rojo sangre.

Este colorante natural tan interesante y tan lleno de historia y significado se extrae de unas pequeñas semillas triangulares que provienen de un árbol de la América tropical homónimo (*Bixa orellana*), las cuales están recubiertas de un barniz de un rojo intenso. Para extraer su color se pueden freír a baja temperatura o infusionarlas, siendo el primer método el más eficaz para extraer todo el pigmento.

También conocido como árbol del pintalabios, el achiote se utiliza ampliamente en la cocina de América Latina, así como en la industria alimentaria para dar color a quesos, mantequillas, margarinas y pescados.

No es arriesgado afirmar que su uso es similar al del azafrán: basta con añadir aceite o infusión de achiote a los arroces, guisados o carnes.

Para hacer la bien conocida pasta de achiote es necesario moler las semillas —que son bastante duras— y mezclarlas con el resto de los ingredientes. Esta pasta es imprescindible para algunas recetas, como la cochinita pibil, probablemente el plato más conocido en el que se utiliza achiote.

ACEITE DE BIJA

1 cucharada de semillas de achiote
½ l de aceite de tu elección

Freímos las semillas de achiote a baja temperatura hasta extraer todo el color. El resultado será un aceite de un naranja intenso. Colamos y reservamos. Refrigerado puede durar meses.

PASTA DE ACHIOTE

2 cucharadas de achiote molido
½ cucharadita de clavo molido
1 cucharadita de comino molido
1 cucharadita de cilantro molido
1 cucharada de chile habanero molido o en trozos (también puede ser un habanero rehidratado, sin rabito ni pepitas si lo quieres menos picante)
1 cucharadita de nuez moscada molida
1 cucharadita de pimienta gorda molida
1 cucharada de ajo molido
½ cucharadita de orégano
½ cucharadita de pimienta negra molida
1 cucharadita de sal
½ taza de jugo de naranja amarga o dulce (o, en su defecto, un poco de jugo de limón)
½ taza de vinagre blanco

Mezclamos bien todos los ingredientes hasta que se integren. Después de utilizar la pasta, podemos congelar la que nos sobre. Otra opción es hacer directamente cubitos con la pasta de achiote para congelar y usarlos cuando lo necesitemos.

NIGELLA, NEGUILLA O AJENUZ

De esta especia se dice que cura todo menos la muerte. Su reputación como medicina universal no tiene precedentes. Ya en la antigua Roma se le conocía como panacea (que todo lo cura), y nunca ciencia y religión estuvieron más de acuerdo.

Sin embargo, no se le suele llamar por su verdadero nombre (o nombres): se le conoce comúnmente como «comino negro» o «semillas de cebolla»..., aunque no es ni lo uno ni lo otro. No está emparentada con la familia del comino, y aún menos con la cebolla. Incluso se le llega a confundir a veces con el ajonjolí negro por su tamaño y color similares.

En cuanto a sus usos culinarios, está presente en cientos de recetas, sobre todo en las cocinas de los países en los que crece. Se utilizan por lo general enteras, ligeramente tostadas.

Es uno de los ingredientes de la mezcla india de especias panch puran, que se usa para condimentar pakoras, samosas y otros platos de verdura. También se utiliza para hacer chutneys, panes (naan indio, barbari persa) y galletas.

Su sabor, intenso y alcanforado, otorga también cierto dulzor, casi balsámico y que nos recuerda un poco a su poder curativo. Es una de esas especias que alegran todo lo que tocan. Su negro intenso, además, levanta el color de los platos por el contraste

Nigella

Semillas de apio

que hace con el resto de los ingredientes. Así ocurre sobre todo cuando la utilizamos en arroces, panes, salsas y ensaladas de papas.

Sustituye el ajonjolí negro y las semillas de amapola por neguilla para obtener el mismo efecto moteado pero con más sabor. La neguilla será tu gran aliada en los desayunos, colocada sobre huevos escalfados, pan tostado con queso crema, aguacate, salmón, etcétera.

En resumen, ¡pónselo a todo! Mezcla semillas de neguilla con hojuelas de chile de árbol, ajonjolí tostado, cebolla deshidratada y un poco de sal. Esta pequeña receta ¡te conquistará para siempre!

SEMILLAS DE APIO

Esta sorprendentemente pequeña especia encierra un fuerte sabor terroso, herbáceo y ligeramente amargo que se suaviza en la cocción.

Procede de una variedad silvestre del apio común de la que solo se consumen las semillas, que encierran en sí un tesoro de propiedades medicinales y un sabor con un alto poder transformador. Pura magia.

Hasta la Edad Media, las semillas de apio solo se utilizaban como medicamento, pero a partir de ese momento empezó a usarse como condimento en Francia y en Italia. Hoy en día es una especia popular en la cocina norteamericana, europea y del norte de la India.

Posiblemente, su uso más conocido es como ingrediente del remedio milagroso contra la resaca, el Bloody Mary, en el que se suelen utilizar las semillas de apio molidas y mezcladas con sal.

Para el resto de las preparaciones es mejor utilizar las semillas enteras, para que no pierdan tanto sus aceites esenciales como su intenso e interesante sabor. Van especialmente bien con el jitomate, ya sea en el mencionado coctel, en ensaladas o en sopas frías como el gazpacho. También se mezclan con otras especias para marinar carnes asadas o a la parrilla.

Si tienes una salsa BBQ que te guste, incorpora una pequeña cantidad de estas semillas para notar realmente un antes y un después. Esta diminuta pero poderosa especia realza el sabor de las verduras, lo que la convierte en un ingrediente maravilloso para las sopas. Con su utilización podemos evitar el uso de concentrados de caldo industriales o un uso excesivo de sal.

Estas semillas son especialmente versátiles. Si rebozas o empanizas pescado, espolvoréalas en la harina o en el pan molido. También las puedes poner en tu pan tostado de huevos revueltos o en tu próxima elaboración de huevos rellenos.

HABA TONKA

Esta especia, también conocida como vainilla del Amazonas, irrumpió con fuerza en España hace unos años, momento en el que se convirtió en ingrediente novedoso y atractivo en los *gin-tonics* y otros cocteles de moda. De las barras de bar la veríamos cada vez más en recetas de postres varios, desde helados hasta pan francés.

Hasta hace muy poco su venta estaba prohibida no solo aquí, sino también en Estados Unidos y en Reino Unido. La razón es su contenido en cumarina, responsable del rico y envolvente perfume del haba tonka, y también presente en otras especias, como la canela, el regaliz o el trébol de olor amarillo. Sin embrago, la cumarina es asimismo un potente anticoagulante, contraindicado para aquellas personas que tomen algún medicamento con la misma función. En la actualidad, la utilización del haba tonka por chefs célebres, en la coctelería más innovadora y por una parte del público comidista más entusiasta ha hecho desaparecer la prohibición sin más decreto que *el uso manda*, al menos en España. Aunque solo es peligrosa en grandes cantidades y suele consumirse en pequeñas dosis, hay que ser prudentes.

El haba tonka pertenece a la familia de las fabáceas, y al igual que otros miembros de la misma familia tiene forma de habichuela. Se extrae de un fruto de cáscara muy dura, es de color oscuro, con la piel rugosa, y posee un olor complejo, con notas de chocolate, vainilla y almendra amarga. ¡Celestial!

Hay que ser prudente con la cantidad que usemos, no solo por la cumarina, sino porque es intensa y penetrante, de ahí que se haya utilizado tradicionalmente en perfumería. Perfumes clásicos como Je Reviens, de Worth, o Chanel n.° 5 la contienen, así como otros muchos, en cuya composición no puede faltar este tesoro que esconde la selva amazónica.

Otros usos son aromatizar tabaco de pipa, otros productos cosméticos y como amuleto. El poder mágico de las especias ha estado presente desde el principio de los tiempos. Incluso en la actualidad, en algunos países como Armenia, llevar especias en los bolsillos trae buena suerte.

Volviendo a la prudencia, una sola ralladura sobre el foie, la leche para unas natillas o la masa de un pastel será suficiente. Combina especialmente bien con los cítricos, el cacao y otras especias como la canela, el clavo, el cardamomo o la nuez moscada. En el caso de que utilices vainilla, pon muy poco de ambas o el resultado puede ser algo cargante.

Prepara una deliciosa crema batida con haba tonka para rematar este rico postre, o ralla un poquito en esa deliciosa salsa de almendras que haces para las albóndigas o en esas carrilleras al chocolate que siempre has querido cocinar.

ASAFÉTIDA

En la antigua Roma existía una planta a la que los griegos se referían como *silphium* y los romanos como *laser*. Se trataba de un ingrediente muy apreciado, perteneciente a la familia del hinojo y cuya resina, en muy pequeñas cantidades, bastaba para aromatizar una preparación completa. Proveniente de Cirene (Libia), su importancia en la economía fue tal que se acuñaron monedas con dicha planta en el siglo XV a. C., lo que constituyó un método publicitario sin igual debido a la amplia circulación de este método de pago y todo lo que ello implicaba. Así, el cultivo de esta planta se convirtió en sinónimo de bienestar y poder adquisitivo. Sin embargo, hacia el siglo I de nuestra era, la planta se extinguió de forma misteriosa.

Una planta de calidad inferior era importada de Persia y Armenia, y algunos vendedores sin escrúpulos no tardaron en mezclarla con otros ingredientes, haciéndola pasar por el preciado *silphium*. Era tan cara que Apicio nos deja en su manual una forma de aprovecharla al máximo: poner un trozo de *silphium* junto a unos piñones en un frasco bien cerrado y utilizar estos en lugar de la resina.

Se cree que el *silphium* fue reemplazado por la asafétida (*Ferula assafoetida*). Su resina estuvo presente durante años en la farmacopea europea. Hoy en día se usa en Oriente Medio, en la India y en Sri Lanka, ocupando un lugar importante en la medicina ayurvédica.

Su intenso sabor a ajo y a cebolla se suaviza en la cocción, aunque la mayor parte de asafétida que encontramos en el mercado ya está rebajada con harina de arroz, goma arábiga y un poco de cúrcuma.

En los últimos años su uso se ha visto favorecido en Occidente por un interés creciente en la cocina vegana, especialmente la de origen indio y, más concretamente, los platos de legumbre, ya que esta sabrosa resina disminuye las flatulencias que las legumbres y crucíferas (coliflor, brócoli, etc.) pueden causar.

También resulta un sustituto eficaz del ajo y la cebolla para aquellos que no pueden ingerirlos por distintos motivos (como intolerancias o problemas digestivos).

Esta planta originaria de Irán y Afganistán divide al público en dos: en acérrimos amantes (quienes la consideran un alimento de los dioses) o en duros detractores (que la ven como un excremento del diablo). Sea como sea, bien usada se convertirá en la gran aliada de tu estómago.

Añade una cucharadita de asafétida al agua de cocción de las legumbres o de la coliflor y demás parientes. Si la legumbre ya está cocida o si quieres añadir sabor a cualquier sofrito, calienta un poco de aceite, fríe una cucharadita de asafétida y añade los ingredientes que tú quieras.

Aunque no se suele consumir cruda, aparece como ingrediente en el chaat masala, una mezcla india de especias que puedes utilizar para preparar deliciosas frituras,

curries de legumbres o incluso en crudo para aderezar una ensalada. Si tienes mala digestión, será una buena idea llevar un tarrito con esta mezcla en el bolso para espolvorear un poco en tu comida en caso de comer fuera, ya sea en un bar o en casa de amigos.

CHAAT MASALA

2 cucharadas de comino en grano
1 cucharada de pimienta negra en grano
2 cucharaditas de cilantro en grano
1 cucharadita de ajwain
1 cucharadita de hinojo en grano
½ cucharadita de menta seca
2 cucharadas de kala namak (sal negra de la India)

1 cucharada de amchur
1 cucharadita de jengibre molido
½ cucharadita de pimienta cayena molida
¼ cucharadita de asafétida

Tostamos las semillas de comino, pimienta, cilantro, ajwain e hinojo hasta que desprendan su perfume, sin quemarlas.

Molemos la mezcla con la menta, y luego con el resto de los ingredientes.

Guardamos la mezcla en un bote protegido de la luz. Salen aproximadamente unos 80 g de mezcla.

ALBAHACA

Para los egipcios, ingrediente para embalsamar; para los antiguos griegos y romanos, planta sospechosa; para los románticos, símbolo del amor. Si una cosa está clara es que la albahaca no ha dejado indiferente a la humanidad.

Más allá de sus usos culinarios, se le consideraba un talismán contra la mordedura del basilisco, de donde procede su nombre en otros idiomas (*basilico*, *basil*), y se utilizó en la Edad Media tanto para curar la melancolía y la fantasía como para resfriados y verrugas.

Para quienes la eligen por sus múltiples y maravillosas posibilidades gastronómicas, se aconseja utilizarla fresca en ensaladas, sopas de jitomate, bebidas o en pizzas, pero justo en el momento de servirla, ya que el calor hace desaparecer buena parte de sus aceites esenciales, tremendamente volátiles. Es lo que ocurre con la albahaca seca, más indicada para vinagretas, salsas de jitomate o cordero asado.

Se cree que su origen se encuentra en la India, y que se extendió hacia Occidente no como especia, sino como planta. Pronto encontró su hueco en las cocinas francesa e italiana, quedando estrechamente unida a esta última en preparaciones tan populares como el pesto.

En nuestra cocina, antes de que adoptáramos la albahaca de hojas grandes utilizábamos la albahaca de hojas más pequeñas, tanto para las recetes como para ahuyentar a moscas y mosquitos en verano. Recuerdo el sabor de esa albahaca en algunos platos de mi infancia, como la menestra de verduras con majao de calabaza y albahaca, un guisado de influencia italiana que se prepara a ambos lados de la frontera de Gibraltar.

Conservar la albahaca no es tarea fácil. La mejor opción es tener tu propia maceta. Otra opción es congelar las hojas lavadas y secadas en una bolsa llena de aire o batir las hojas con aceite y guardar la mezcla un máximo de dos meses en el refrigerador.

Los tipos de albahaca más conocidos son:

– Albahaca dulce, de hojas grandes de un verde brillante y con matices de menta, anís y clavo.
– Albahaca tailandesa, más anisada que la anterior.
– Albahaca sagrada o tulsi, esencial en la cocina ayurvédica y de sabor más especiado.
– Albahaca púrpura, similar a la dulce en sabor y muy utilizada en ensaladas un poco más elaboradas por su hermoso color.

ACEITE DE ALBAHACA

Tomo prestada esta receta para emular el sabor de la albahaca fresca:

½ cucharadita de albahaca seca
½ cucharadita de jugo de limón
½ cucharadita de agua
½ cucharadita de aceite
Una pizca de clavo molido

Mezclamos todos los ingredientes. Dejamos reposar la mezcla unos minutos antes de usarla.

ESTRAGÓN

Si los dragones existieran, estaríamos a salvo llevando con nosotros un ramillete de estragón. Así lo creía Plinio, el famoso científico romano. Por aquel entonces, criaturas como dragones y serpientes recibían el nombre de *dracunculus* ('pequeño dragón'), palabra de la que deriva «estragón».

La planta es de origen ruso, desde donde se extendió al resto de Europa. A pesar del folclore ligado al estragón, no tuvo mucha importancia como medicina, pero sí como especia, convirtiéndose en ingrediente indispensable para preparar salsas (bearnesa, tártara) y vinagretas.

Se disfruta de igual manera fresca o seca, ya que no pierde ese aroma intenso que posee, con toques de hinojo y anís y un ligero amargor.

Utiliza esta hierba para todo tipo de ensaladas, pero sobre todo aquellas que prepares con huevos duros o pollo, y también en recetas que lleven anguila. Es adecuada, tanto fresca como seca, para ensaladas de frutas o picadillos de verdura fresca. También queda muy bien en sopas de pescado o mariscos.

Como ocurre con otras hierbas de olor, el estragón es ideal para aromatizar una mantequilla que luego podrás dejar fundir sobre pescados, carnes y verduras asadas.

Tiene múltiples propiedades, entre ellas la de facilitar la digestión. Para tal fin, puedes preparar una infusión de esta planta para servir después de las comidas.

ROMERO

Al igual que el laurel, el romero es una de las plantas con más simbolismo místico-religioso que se conocen en Europa. Su existencia está rodeada de misterio, leyendas y magia. Además, tiene un lugar especial en la historia de la medicina, así como lo tiene en la tradición gastronómica tanto oral como escrita.

Cuenta la leyenda que, cuando la Sagrada Familia huía a Egipto, la Virgen María posó al niño Jesús sobre una roca. Estaba medio cubierta por un matorral de romero lleno de flores blancas, sobre el que extendió su manto para improvisarle una cama al bebé. Más tarde, cuando tomó al niño y levantó el manto, las flores se habían vuelto azules: desde entonces, de ese color han sido las flores de romero. O así al menos lo dictaban las leyes del arte medieval, ya que el azul representaba la eternidad, el cielo, la verdad y la sabiduría. No es de extrañar que en muchos cuadros religiosos tanto la Virgen como Jesús aparezcan envueltos en paños de color azul.

Quizás sea necesario aclarar que el nombre de la planta nada tiene que ver con la Virgen María o con las rosas, como sugiere la palabra «romero» en otros idiomas, sino con la denominación que le dio Plinio para indicar que la planta crecía cerca de la orilla, y la espuma (*ros*) del mar (*mare*) la salpicaba.

En la Grecia clásica, el romero también jugó un papel religioso importante. Para los dioses del Olimpo era más valioso que el oro. Los antiguos romanos, por su parte, lo utilizaban como ofrenda para honrar a los dioses protectores de sus hogares.

Aún hoy en día, en la tradición cristiana se acostumbra a quemar romero como ofrenda a Dios, y las romerías (viajes cortos o largos hacia un santuario) tienen su origen en el romero como ofrenda.

Más allá de su simbolismo, el romero era considerado un potente medicamento contra las afecciones respiratorias, como antiinflamatorio y como activador de la circulación sanguínea.

En cocina, conserva su sabor tanto seco como fresco. Su aroma a resina y a bosque lo convierte en la hierba perfecta para aromatizar todo tipo de carnes asadas, en barbacoas, guisados o cocciones. Las papas asadas con romero y mantequilla están deliciosas y son la guarnición perfecta para la carne. Con él también se pueden aromatizar aceites, vinagres, panes y galletas saladas. Debe usarse en cantidades pequeñas, ya que su intenso aroma podría anular el sabor del resto de los ingredientes utilizados.

Otra opción es echar un ramillete de romero a las brasas. El humo perfumará la carne o las verduras que cocinemos de una manera más sutil.

Su uso en dulces es menos conocido, pero el resultado es sorprendente. La miel de romero da un toque elegante a los quesos frescos y al yogur. Las frutas en almíbar de romero o el glaseado de romero para el panqué de limón son también preparaciones muy interesantes.

El romero combina a la perfección con todo tipo de cítricos y con otras hierbas como el laurel, el tomillo, la hierbabuena o la salvia. Puedes usarlo cortado o en ramillete y luego retirarlo si así lo deseas.

SEMILLAS DE MASTUERZO

Se trata de una planta originaria de Asia y Egipto que está emparentada con la mostaza. De ella se utilizan los brotes y las hojas para las ensaladas, pero también las semillas, cuyo fuerte sabor similar al de la mostaza le ha valido el nombre de pimienta de los pobres.

En la cocina india estas semillas se conocen como halim, y se les utiliza tanto en recetas dulces como saladas. Como a otras muchas plantas, se le atribuyen grandes propiedades: protección del sistema inmunológico, fortalecimiento de los huesos, calmante de los dolores menstruales, etcétera.

Lo cierto es que estas semillas son muy fáciles de incorporar en nuestra cocina como ingrediente en las ensaladas y sopas, o con leche y frutos secos. Te dejo una receta de un postre indio muy fácil de preparar que es un regalito de salud.

HALIM KHEER

Para 1 persona:

3 cucharadas de semillas de mastuerzo
¼ de taza de agua
2 tazas de leche
Una pizca de azafrán
Una pizca de cardamomo molido
2 cucharadas de miel
Un puñado de almendras laminadas tostadas
Un puñado de pistaches tostados troceados

Ponemos las semillas a remojar en el agua hasta que engorden y adquieran una apariencia gelatinosa. Nos recordará a las semillas de chía. Ambas segregan una fibra soluble llamada mucílago que regula los niveles de azúcar en sangre.

Mientras tanto, calentamos la leche. Cuando hierva, echamos las semillas remojadas, el azafrán pulverizado con los dedos y el cardamomo. Bajamos el fuego y lo dejamos cocinar hasta que adquiera apariencia cremosa. Endulzamos con miel y servimos con los frutos secos.

ANGÉLICA

También conocida como hierba de los ángeles o del Espíritu Santo, fue considerada como una de las plantas medicinales más poderosas por los primeros herboristas. Bajo la advocación del arcángel Miguel, la planta defendía de los espíritus malignos, los encantamientos y todas las infecciones debidas al aire malsano, por lo que era común llevarla consigo para protegerse de la peste.

Se trata de una planta de gran tamaño que desprende un aroma dulce y cuyas flores están impregnadas de un néctar brillante. De ella se usa todo: las hojas para pescados y ensaladas y las semillas para aromatizar bebidas como el Chartreuse, el vermut o la ginebra. Pero, sin duda, la parte usada más popular son sus tallos, que se confitan mediante un proceso algo arduo aunque con excelentes resultados. Estos tallos se utilizan para decorar pasteles y postres, y su sabor recuerda al regaliz y al enebro pero de manera más sutil.

La angélica confitada es una especialidad de la ciudad de Niort, en Francia. Los monjes de Niort inventaron la receta en el siglo XVIII. Normalmente se recorta en pequeños rombos. En Sicilia se utiliza tradicionalmente para elaborar la cassata, una un pastel hecho con ricota azucarado que lleva trozos de fruta confitada en su interior y se cubre con un baño de chocolate amargo. También formó parte en algún momento de la rosca de Reyes, pero se sustituyó por calabaza teñida, más económica y fácil de conseguir.

En su forma confitada no es apta para diabéticos.

CEBOLLÍN

Esta sabrosa y versátil planta pertenece a la familia de las liliáceas, al igual que el ajo y la cebolla. Sus hojas son tubulares y huecas, de un verde y sabor intensos que recuerda al de sus parientes más cercanos. Es mejor consumirlo fresco, pero seco también tiene mucho sabor.

El cebollín va bien con todo, especialmente con el huevo (omelette, huevos revueltos o rellenos) y con el queso, (el sándwich de queso, huevo duro y cebollín, todo mezclado con un poco de mayonesa y mostaza, es una magnífica opción para un pícnic).

Existen varios tipos de cebollín. Entre ellos, la variedad china es una de las más populares, ya que se utiliza en un sinfín de platos asiáticos de cerdo, pescado, brotes de soya, bok choy, etc. A continuación te dejo una receta sencilla para rellenar empanadas o hacer pequeñas albóndigas, para luego saltearlas o hacer sopas.

Angélica

Cebollín

RELLENO DE EMPANADAS

Para 10 empanadas:
250 g de carne de cerdo picada dos veces
1 ajo picado
1 trocito de jengibre rallado
Un buen puñado de cebollín fresco picado o 2 cucharadas soperas del seco
1 chorrito de salsa de soya
Sal y pimienta al gusto

Mezclamos todos los ingredientes y dejamos que la mezcla se enfríe 30-60 minutos en el refrigerador, hasta que sea más fácil de manejar.

El cerdo se puede sustituir por camarones o combinar ambos ingredientes.

LÚPULO

Salvaje en buena parte de Europa, Asia y América del Norte, el lúpulo se convierte hacia la Edad Media en ingrediente aromático esencial en la elaboración de cerveza. No solo le otorga el sabor amargo que la caracteriza, sino que también ayuda a su conservación.

Antes de pasar a la historia por la apreciada bebida, el lúpulo tenía una buena reputación por sus propiedades medicinales. En las antiguas Roma y Grecia se cultivaba como medicamento y como verdura. Pronto se descubrirían sus propiedades ligeramente narcóticas y, siglos más tarde, hacia el XIX, se mezclará con tabaco. Otros optarán por poner lúpulo en las almohadas para combatir el insomnio.

Aunque en el norte de Europa esta planta se empezó a utilizar en la elaboración de cerveza en el siglo VIII, en Gran Bretaña se creía que era insano, por lo que se utilizaron en su lugar otras hierbas cerveceras tradicionales, como la hiedra terrestre, el trébol de agua y la escoba rubia.

En cocina, los conos de flores pueden utilizarse como sustituto de la levadura para hacer pan. Para tal fin, se recomienda añadir a la masa el agua en la que se han hervido las flores de lúpulo para que fermente más rápida y fácilmente.

Solo los brotes tiernos y las flores son comestibles. No se ingieren ni las hojas ni los tallos. Para consumir los brotes habrá que lavarlos bien y dejarlos remojando al menos media hora. Luego los escaldamos tres minutos, escurrimos y cortamos en trocitos para utilizarlos como si fueran espárragos (salteados, omelette, etc.).

Lúpulo

Otros usos culinarios del lúpulo son la elaboración de aceites o vinagres aromáticos con conos frescos o secos. Si la infusión la hacemos en frío, el resultado será más aromático y menos amargo.

También se puede preparar un jarabe (almíbar) a base de infusión en agua azucarada para añadir a pasteles y postres.

Además de contener mucha fibra, calcio y magnesio, comer lúpulo nos permite recuperar un vestigio de la historia, al igual que el consumo de otras plantas silvestres, relegado a zonas rurales y hoy prácticamente desaparecido bajo la globalización alimentaria.

PEREJIL

A veces ocurre que sabemos muy poco de lo que más usamos en la cocina. Es el caso del perejil, tan común en nuestra alimentación y en la de muchas partes del mundo. Es, además, un ingrediente que a veces nos sale hasta gratis: no es raro que con la compra de fruta y verdura en el mercado o en tiendas pequeñas nos regalen un manojito.

Perejil

Los más devotos reservarán un poco para ponerlo en agua como ofrenda a san Pancracio, patrón de los trabajadores y protector de los comercios. El resto debe ir a parar a otro vaso con agua, de donde iremos tomando lo necesario para nuestros platos.

El perejil pertenece a esa gran familia de las umbelíferas y apiáceas, como la zanahoria y el apio, cuyas hojas —aunque de mayor tamaño— se asemejan a las del perejil. Existen dos tipos principalmente: de hoja plana y de hoja rizada. El primero, de hojas pequeñas, es el de sabor más fuerte y el más utilizado como ingrediente. El rizado, de sabor más suave, se utiliza sobre todo como elemento decorativo por su vistosidad.

Existe una tercera variedad llamada perejil de Hamburgo, propio de la Europa oriental, que tiene una raíz tierna y comestible parecida a la zanahoria blanca y se utiliza sobre todo para sopas y guisados de la zona. De encontrarla fresca, también se puede utilizar rallada en ensaladas o cortada en tiras muy finas y fritas a modo de aperitivo.

El perejil de hoja plana combina bien con el resto de las hierbas de olor y tiene la habilidad de neutralizar los efectos negativos del ajo y de combatir el mal aliento.

En nuestra cocina resulta un ingrediente imprescindible, aunque lo utilicemos en cantidades mucho menores que en otros lugares del mundo. En Francia, además de ser uno de los ingredientes del popular *bouquet garni*, se utiliza para la persillade, salsa hecha a base de perejil, ajo, aceite y vinagre. En Italia se hace gremolata, con perejil, ajo y jugo de limón. Ambas vinagretas o salsas se asemejan a algunos de nuestros majaos andaluces o mojos canarios para los pescados a la plancha, papas aderezadas, etcétera.

Sin embargo, su uso en la cocina occidental ni se acerca al que se le da en la cocina de Oriente Medio, donde se le considera prácticamente una verdura y se consume en cantidades ingentes en sopas, guisados o ensaladas como el tabulé.

Cabría también mencionar una de las salsas más conocidas y utilizadas de la cocina argentina, el chimichurri, acompañante fiel de carnes y chorizos criollos a la brasa. Perejil, orégano, ajo, vinagre, ají, aceite y pimienta negra haciendo las delicias sobre una tira de asado al carbón o, si no tenemos la suerte de poder cocinar al aire libre, a la plancha. En la cocina asiática, por el contrario, no es tan popular: se prefiere en su lugar el cilantro fresco, debido a su sabor más intenso.

A la versatilidad en cocina del perejil se le suman múltiples propiedades medicinales. Conocido desde tiempos muy antiguos, ha servido para combatir la hipertensión, limpiar los riñones y como diurético. Actualmente el perejil sigue siendo objeto de estudio para tratar afecciones tan diversas como el cáncer, la diabetes, las úlceras y el estreñimiento. Utilizado en cantidades habituales, no se ha demostrado toxicidad durante el embarazo.

Aumentar el uso del perejil en nuestras recetas es muy fácil, aunque siempre preocupa cómo mantenerlo fresco por más tiempo. Si no es mucha cantidad y vamos a consumirlo pronto, ponerlo en un vaso con agua servirá, a pesar de que no es el mejor método. Una mejor opción es lavarlo bien, secarlo y guardarlo en el refrigerador envuelto en una servitoalla ligeramente húmeda. También lo podemos picar y congelar o comprarlo seco, aunque su valor culinario se pierde casi por completo, convirtiéndose más en un adorno que en un complemento.

LEVÍSTICO

También conocido como apio de monte, el levístico está emparentado con el apio común. Fue introducido en Europa por los romanos, para quienes se trataba de uno de los sabores más importantes de su cocina clásica. Sus semillas, hojas y peciolos son especialmente adecuados para sopas, guisados y preparaciones con arroz, o para rellenos. Las hojas conservan su olor después de una cocción larga, a diferencia del apio, que rápidamente pierde su sabor. Las hojas frescas se añaden a las ensaladas y las semillas al pan, a las papas asadas, sopas de col o platos con queso.

Es muy abundante en la provincia de Liguria, de ahí su antiguo nombre, *ligusticum*, y donde hoy se sigue usando para sazonar la salsa de jitomate junto con orégano y ruda.

El levístico se cultivaba en los primeros jardines medicinales de los monasterios por sus propiedades digestivas, desodorantes y antisépticas.

AJO DE OSO

El ajo de oso es una variedad silvestre del ajo que se parece al cebollín. Crece en los bosques húmedos de Europa. Se le llama así porque, al parecer, cuando los osos salen de su hibernación se rascan el lomo con la planta al mismo tiempo que les sirve de alimento.

Su sabor y usos son parecidos a los del ajo, pero es más sutil y más suave para el estómago. Queda bien en sopas, platos con huevo y de queso, y también en ensaladas o para terminar platos como si fuera perejil.

Prueba a hacer un omelette con ajo de oso. Queda muy sabroso y apenas necesitarás sal. Intercambia el cebollín por el ajo de oso en cremas de queso para untar, huevos rellenos, mayonesa u otras salsas o vinagretas.

Al igual que el ajo, tiene propiedades antisépticas y diuréticas, además de ser hipotensor. También se utiliza para problemas de la piel. Como medicina, se toma preparando una infusión con las hojas secas.

VAINILLA

En la naturaleza existen muy pocas orquídeas comestibles. Una de ellas es la vainilla. Los conquistadores españoles la llamaron así porque la vainilla tal y como la conocemos se parece a la vaina de una espada diminuta, similar a un ejote. Su cultivo y cuidados son delicados y todo el proceso hasta obtener el producto final requiere paciencia y maestría. No es de extrañar que sea una de las especias más caras del mundo.

De otras orquídeas se comen las flores o el tubérculo, como es el caso del salep, en Turquía, que se utiliza para preparar una bebida con leche que lleva el mismo nombre.

De la vaina de vainilla se consume todo, pero su existencia a veces se ve ensombrecida por la vainilla artificial, que carece de su amplio abanico aromático, de su versatilidad y de sus propiedades.

La vainilla es originaria de México y los primeros en utilizarla fueron los totonaca. De ellos procede la leyenda de su origen. Se dice que la vainilla brotó de la sangre de la princesa y diosa Xanath, cuyo padre la decapitó por desobediencia y por huir con su amante humano. Tras su muerte se transformó en orquídea para poder seguir dando placer y sensualidad a su amante.

El pueblo totonaca preparaba una bebida afrodisiaca, con vainilla, cacao y chile, que pronto fue adoptada por los aztecas. Los conquistadores españoles quedaron sorprendidos por la deliciosa y misteriosa bebida y no dudaron en llevarla a España. La combinación de vainilla y cacao causó sensación en el Viejo Mundo, atraído por la novedad de esta bebida que encerraba sensualidad, calentaba el alma y los ánimos, y prometía curar la impotencia.

Su reputación como estimulante continuaría hasta el siglo XIX. Ya popular en toda América del Norte, era recomendada por los médicos para estimular el cerebro, la energía muscular y la energía sexual. Miles de años no podían equivocarse.

La vainilla incrementa los niveles de adrenalina —dicen los expertos—, responsable de la aceleración del corazón, de las manos sudorosas y del incremento de la presión arterial en situaciones de intensa atracción. Y su sabor es delicioso, no por sí misma (de hecho, es ligeramente amarga en boca), sino por el aroma complejo y envolvente que desprende en contacto con los alimentos: la crema, el chocolate, el ron, etcétera.

En la segunda década del siglo XIX, la vainilla, hasta entonces cultivada solo en México, fue enviada por los franceses a las islas de Reunión y Mauricio. Años más tarde, en 1836, el botánico belga Charles Morren descubrió que la abeja melipona es la encargada de polinizar las flores. Sin embargo, este método no resultaba rentable. Para sorpresa de muchos, en 1841, Edmund Albius, un esclavo de doce años, descubrió la técnica de la polinización manual de la vainilla. En 1880, la vainilla llegó

a Madagascar, país que se convirtió en el principal productor del mundo, puesto que sigue conservando hoy en día.

Para producir vainilla Bourbon (así llamaban los franceses a Reunión), la más apreciada y popular de las vainillas, las orquídeas se polinizan con un tallo de bambú. Tras nueve meses puede cosecharse la vaina de vainilla, aún verde, rígida y sin aroma alguno. Cuando las vainas van cambiando de color hacia el amarillo amarronado, comienza un largo proceso, cuyos pasos son:

- El escaldado: las vainas son sumergidas durante unos minutos en agua a 60 °C para permitir la mortificación de las vainas.
- El estufado: las vainas se dejan escurrir y se envuelven en mantas, aún estando calientes, durante doce horas; los paquetes se meten en un contenedor muy juntos para que no se pierda el calor. En este paso, la acción enzimática transforma los componentes de la vainilla en vainillina, responsable del aroma; la vaina se vuelve de color marrón.
- Secado al sol: de tres a cinco horas al día durante dos días.
- Secado a la sombra: sobre esterillas de madera en almacenes bien ventilados, dándoles la vuelta diariamente. Este proceso dura entre uno y dos meses.
- Afinado: revisión de las vainas para descartar la presencia de moho. Una vez clasificadas las vainas, se almacenan en cajas de dos a tres meses; durante este tiempo, desarrollan todos sus aromas y adquieren su aspecto aceitoso, brillante, y su color casi negro.

  Las vainas de mayor calidad son aquellas más oscuras, flexibles, brillantes, oleosas y sin grietas.

  Existen tres tipos de vainilla:
- Planifolia: la más popular (80% de la producción mundial), siendo la de más calidad la de Madagascar. También se cultiva en la India, México y Papúa Nueva Guinea, pero sin recibir el apelativo de Bourbon.
- Tahitensis: tiene menos contenido en vainillina, pero posee un aroma complejo, floral y con notas anisadas. Se cultiva en la Polinesia Francesa, principalmente en Tahití, y su precio es muy elevado.
- Pompona: de mayor tamaño, pero con muy poca vainillina. Es menos flexible y su aroma tiene notas de madera y regaliz. Se cultiva en Madagascar, Guadalupe y Martinica.

Cómo usar la vainilla

Para utilizar la vainilla correctamente y aprovechar al máximo su potencial aromático se recomienda, sobre una tabla para cortar, hacer un corte longitudinal sin que el cuchillo llegue a atravesar la vaina. Con el filo del cuchillo colocado de través, raspamos todo lo posible las semillas. Echamos la pasta oscura resultante del raspado en la leche o crema que vayamos a calentar. Esta infusión podemos utilizarla inmediatamente, aunque es mejor dejarla reposar 12 horas, incluyendo la vaina, que luego retiraremos pero no tiraremos. Lavamos la vaina con agua caliente, la secamos bien y la guardamos en un frasco con azúcar que agitaremos cada dos días. Pasados quince días, molemos el azúcar con la vaina y obtenemos un azúcar avainillado ideal para utilizar en postres, licuados, café, etcétera.

También podemos macerar las vainas utilizadas en vodka o ron para embeber panqués o preparar cocteles.

JENGIBRE

El jengibre es probablemente una de las especias mejor conocidas por la humanidad. Ya popular para los antiguos griegos y romanos, se convertiría en una de las primeras especias de origen oriental que se extendieron por Europa.

La teoría más divertida, misteriosa e interesante es la que sitúa su lugar de nacimiento en el enigmático pueblo que habitaba los límites de la Tierra, el de los trogloditas. De apariencia fiera y fea, se les consideraba despectivamente ictiófagos (comedores de pescado), la clase más baja de la sociedad. Sin embargo, su habilidad para producir jengibre confitado no tenía igual.

Ficción aparte, los árabes comerciaban con jengibre y otras especias traídas del sur y sureste de Asia. No fue hasta el siglo XIII cuando un europeo vio por primera vez una planta de jengibre en la India. La palabra «jengibre» se remonta al sánscrito, la antigua lengua indoeuropea que llegó a la India con los invasores del norte hace más de tres mil años. El vocablo original, *sringavera* ('con forma de cuerno'), hacía alusión al rizoma (tallo subterráneo); luego, evolucionó del griego *zingiveris* al latín *gingiber*, hasta llegar al español como «jengibre».

De esta especia trotamundos se podrían escribir páginas y páginas, pues su historia es tan fascinante como sus usos y propiedades.

El jengibre logró hacerse con un lugar privilegiado en el mundo antiguo. Sus propiedades digestivas y su uso como antídoto de un amplio espectro de venenos no pasaron desapercibidos en un tiempo convulso en el que los gobernantes eran envenenados a menudo.

Hacia el siglo V d. C., los barcos chinos transportaban plantas vivas de jengibre, probablemente para consumir sus rizomas para aliviar los mareos. Para el siglo VIII, el jengibre ya era una planta esencial en la cultura china. Un poco más tarde, hacia el siglo X, el jengibre llegaba a España junto a otras especias orientales de la mano de los

radanitas, mercaderes judíos que durante la Edad Media dominaron el comercio entre el mundo cristiano y el musulmán entre el año 600 y el año 1000 de nuestra era.

Se hizo tan popular en la Edad Media que no había reino que no lo cultivara, especialmente en Inglaterra, convirtiéndose además en compañero de mesa de la pimienta y de la sal. De este modo, dio origen a recetas que aún perviven, como el *gingerbread man* (galletas de jengibre) o el *ginger-ale*.

No hay que olvidar tampoco que el jengibre se consumía además de en polvo confitado, transportado desde China en preciosos frascos de porcelana o cerámica. La popularidad de estas *ginger jars* alcanzaron su máximo esplendor en Inglaterra hacia el siglo XIX. En aquel entonces, en determinados ambientes se consumía esta golosina, que aliviaba el estómago de mala digestión y suplía el antojo de algo dulce.

A partir del siglo XVII, el jengibre fue desapareciendo de las cocinas europeas en favor del ajo o de otras especias. En España, por ejemplo, pasó de ser especia fina a especia basta. No ocurrió lo mismo en el Nuevo Mundo, donde los españoles llevaron el jengibre a las Indias Occidentales de la América tropical. Por primera vez, una especia de origen asiático crecía en suelo americano. Jamaica se convirtió así en uno de los principales territorios en producir un jengibre de calidad excelente. Hacia finales del siglo XVIII, el jengibre había conquistado Estados Unidos en forma de refresco: el *ginger-ale* (versión sin alcohol de la cerveza de jengibre) se convirtió en un producto de éxito, llegando incluso a Canadá.

En cuanto a los usos, podríamos decir que el jengibre es a la cocina asiática lo que el ajo y la cebolla son a la cocina occidental: resulta imprescindible en las cocinas de la India, China, Corea, Vietnam, Tailandia e Indonesia, más en platos salados que en postres. En Japón se consume en conserva (gari) una variedad local de jengibre llamada shoga, y es ingrediente indiscutible del kimchi coreano, una ensalada fermentada a base de col, jengibre y gochugaru (chile rojo coreano).

En Europa se usa más en repostería, sobre todo en Navidad (galletas, casa de jengibre), y más en polvo o confitado que fresco.

En Jamaica forma parte de la mezcla de especias jerk y es uno de los ingredientes de su famoso *ginger loaf* también llamado *bulla cake*, un panqué esponjoso y dulce hecho con melaza y especias que ha llegado a convertirse en emblema de la nación.

El jengibre también se utiliza para hacer licores y cocteles, así como para aromatizar café y té. No es raro verlo en trocitos en tabletas de chocolate o como saborizante de caramelos junto con la miel y el limón. Esta misma combinación es infalible como tisana para aliviar la tos y los síntomas del resfriado.

Cuando se compra jengibre fresco hay que tener en cuenta un par de consideraciones. La primera es elegir trozos que no presenten arrugas, sino que sean de piel lisa y tersa, de un color crema ligeramente brillante. La segunda, que los trozos no presenten ni grietas ni moho.

Fresco se utiliza rallado, picado o en tiras (curris, salteados, chutneys). En rodajas te servirá para sopas o infusiones. Seco y molido es ideal para galletas, pasteles y salsas.

Entre las salsas con historia protagonistas de la Edad Media y que siguieron utilizándose hasta bien entrado el siglo XVI, encontramos algunas españolas con nombre propio, como la pólvora de duque (canela, jengibre, clavo y azúcar), la salsa de pavo (jengibre, canela, pimienta, clavo, nuez moscada y azafrán) o la clarea de vino (jengibre, canela, clavo, vino y miel).

Otra forma de utilizarlo es mezclarlo en polvo con azúcar para espolvorearlo sobre maíz o camote asado. También puedes cortar jengibre cristalizado o confitado para añadir a la masa de galletas o panqué, o como topping para helado, chantilly, ensaladas de fruta, etcétera.

Para conservar el jengibre, guárdalo en una bolsa con cierre en el refrigerador, en el cajón de las verduras. También puedes pelarlo, cortarlo y guardarlo en un bote de cristal, cubierto de vino de Jerez seco (dura de tres a cuatro semanas). Otra opción es congelarlo. El jengibre en almíbar o cristalizado dura un año. En cuanto al molido, se aconseja guardarlo en un bote de cristal bien cerrado y protegido de la luz.

A continuación te dejo la receta de una salsita con jengibre.

SALSITA CON JENGIBRE

Salsa china para mojar
100 ml de salsa de soya
25 ml de vinagre de arroz
2 cucharadas de ajo y jengibre rallado
½ cucharada de aceite de ajonjolí tostado
Salsa para mariscos
Mantequilla derretida
1 cucharadita de jengibre fresco
1 cucharadita de hierbabuena seca

Mezclamos todo... ¡y ya lo tenemos! Esta salsa es ideal para acompañar.

COMBAVA Y HOJAS DE LIMA KAFIR

La combava o lima kafir es un cítrico originario del sudeste asiático, pero debido a su popularidad se cultiva incluso como árbol ornamental.

La lima kafir apenas tiene jugo, por lo que se utilizan principalmente su piel o sus hojas. Su nombre deriva de una palabra árabe para referirse al infiel (africano, no musulmán), y se cree que fue adoptada en Asia a través del comercio de esclavos.

Imprescindible en la cocina tailandesa, sirve como ingrediente en sopas, curries y fritos. En Indonesia se utiliza en platos de pescado y pollo.

En caso de encontrar lima kafir fresca, debe pelarse o rallarse, poniendo cuidado en retirar la parte blanca, que puede resultar muy amarga. Las hojas frescas o congeladas se pueden utilizar enteras o picadas, como se hace con el perejil, la albahaca, etc. Si las hojas están secas, utiliza el doble que de hojas frescas o congeladas. Seca conserva el buen sabor, pero pierde parte de su perfume.

También se puede encontrar combava seca molida en tiendas especializadas. Esta conserva su delicioso perfume, pero pierde un poco del aroma cítrico y adquiere una nota de dulzor.

En Camboya, la piel se consume también cristalizada o confitada.

Fuera de la cocina, se utiliza en aromaterapia y en la industria del perfume. Con ella se hace champú antipiojos y forma parte del agua bendita en las ceremonias religiosas camboyanas.

Debido al carácter despectivo del origen de su nombre, se la suele llamar lima tailandesa o combava, aunque también se le conocía desde el siglo XIX en Ceilán

—actual Sri Lanka— como lima de la sanguijuela, pues con ella se frotaban las piernas sus habitantes para evitar la mordedura del voraz gusano.

Siempre resulta interesante probar una receta asiática con esta deliciosa lima o sus hojas, pero en realidad es tan versátil que simplemente con una hoja de lima kafir en tus pescados al vapor lograrás marcar la diferencia. También puedes poner un poco de combava en polvo en tu próximo panqué.

NUEZ MOSCADA Y MACIS

Myristica fragrans: con tan sonoro nombre botánico es imposible resistirse a ponerlo junto con sus nombres comunes. Hablamos en plural porque esta planta da dos especias: la nuez moscada y el macis. Si de la mayoría de las especias solo se menciona si es hoja, raíz, semilla, corteza o flor, con la nuez moscada es necesario analizar la complejidad de su fisionomía.

La nuez moscada es como un melocotón. La parte externa, carnosa, se ingiere en los países donde crece, sobre todo en forma de mermelada. Sus frutos, una vez maduros, se agrietan, y esa pulpa —que servirá para confitar— revela dentro un hueso cubierto por un engarce de encaje rojizo —el arilo—, que es el macis. El hueso a su vez oculta un tesoro que resuena como si fuera un cascabel, la semilla, que comúnmente conocemos como nuez moscada. Salvo en las tiendas y mercados de allá donde crece la nuez moscada, a nuestras manos solo llegan las fragantes semillas y los arilos por separado, cuyo color ha perdido algo de intensidad pero no su perfume. No obstante, el macis es más sutil y más suave que la nuez moscada. También es más caro y menos rentable: un arilo sirve para uno o dos platos, mientras que una nuez moscada de tamaño medio da para muchas preparaciones.

La *Myristica fragrans* ha dejado tras de sí algo más que una estela de intensa fragancia: forma parte de las cuatro grandes especias junto con la canela, el clavo y la pimienta. Todas ellas convulsionaron el comercio de las especias a partir del siglo XVI, y llevan a sus espaldas un legado de avaricia, violencia y explotación. En el caso de la nuez moscada, por ejemplo, uno se pregunta cómo algo tan pequeño pudo provocar tanta fascinación y obsesión. Hoy en día ya no nos sorprende porque hace ya siglos que sabemos de dónde salen esas bolas parduzcas que rallamos sobre la bechamel, receta a la que está estrechamente ligada en la mente de la mayoría, al menos de la población occidental. Y mucho menos suscita nuestra curiosidad cuando la utilizamos ya molida para especiar tartas, galletas, chocolate caliente o café en Navidad, Halloween, etcétera.

La nuez moscada, al igual que el clavo, es originaria de un grupo de distintas islas del archipiélago indonesio las Molucas, también conocidas como las islas de las Especias. Aunque conocida en la Antigüedad por los habitantes del Mediterráneo, no hay constancia de que se hiciera uso de esta especia. En cambio, mercaderes de China, Java y el sureste de Asia que conocían bien estas islas sí se encontraban muy familiarizados con ella.

Su expansión por Occidente fue más lenta que la del clavo. Bien conocida y de uso generalizado en la India, alcanza Constantinopla y el Mediterráneo hacia el siglo VI. Durante los siete u ocho siglos siguientes, son los mercaderes árabes quienes tienen el control del comercio de la nuez moscada, siempre por tierra, aunque son los cruzados hacia el siglo XIII quienes la llevan al norte de Europa. Se le menciona junto al macis en las descripciones de los banquetes medievales, y como ingrediente para aromatizar cerveza en *Los cuentos de Canterbury,* de Geoffrey Chaucer.

Sin embargo, su origen seguía siendo un misterio, alimentado por los mercaderes árabes e indios con sus leyendas y su alto precio. Se decía que la nuez moscada procedía de lugares extraños y se le nombraba en voz baja, como si se tratara de un artículo con el que se comerciaba casi en secreto en la orilla de alguna playa lejana y exótica.

El destino de la nuez moscada cambió radicalmente cuando Vasco da Gama dobló el cabo de Buena Esperanza hacia finales del siglo XV, revelándose el verdadero origen de la codiciada especia. Su comercio, no obstante, no quedaría bajo control portugués. Tampoco español o inglés. Serían los holandeses y su Compañía Neerlandesa de las Islas Orientales (VOC) quienes tras cruentos enfrentamientos y cientos de muertos entre la población local se deshiciera de toda competencia. Sus armas consistieron en mercenarios que sustituyeron a la población, la cual se convirtió en mano de obra esclava traída a Europa. Además, se esterilizaron las semillas para que no hubiera riesgo de competencia. Los únicos capaces de frustrar los planes de control de los neerlandeses fueron sin duda los tilopos, un tipo de paloma tropical.

Su monopolio duró dos siglos y medio, hasta que el botánico francés Pierre Poivre sacó en 1776 suficientes semillas de contrabando para crear una plantación en Mauricio. Los ingleses plantaron poco más tarde nuez moscada en Granada, en el Caribe, cuya bandera luce este fruto.

Sin duda alguna, la apreciada especia quedó ligada a los sucesos históricos del colonialismo en el periodo del siglo XVI al XIX.

Sin embargo, la fascinación por la nuez moscada iba más allá del misterio de su origen. Los chinos ya la usaban ampliamente en medicina para el reuma, las diarreas y otras dolencias digestivas. También se usaba en la medicina india y en la farmacopea árabe.

En la Edad Media, los médicos tomaron ejemplo de las medicinas ancestrales y empezaron a considerar la nuez moscada como un remedio para todo, desde las pecas hasta dolencias hepáticas y estomacales, o incluso como antídoto contra la peste.

También fueron muy populares sus propiedades afrodisiacas, sobre todo las que se atribuían al macis.

En la Alta Edad Media alcanzó tal valor que se vendían bolas de madera como si fueran nueces moscadas, fraude que se repetiría siglos después en Estados Unidos hacia el siglo XIX.

Medicina, amuleto y condimento. Un bueno para todo que curaba enfermedades y que, colocado en la axila, servía como talismán para que te sacaran a bailar o, atado al cuello, para proteger de los malos espíritus. Y, cómo no, se rallaba sobre los alimentos en cualquier momento que fuera necesario: la gente llevaba consigo nuez moscada a todas partes, y pequeños ralladores de plata, marfil, madera o hueso colgados del cuello.

La relación de la nuez moscada con la medicina occidental hacia finales del siglo XIX sigue siendo cuanto menos sorprendente. Se creía fervientemente que una dosis suficiente de nuez moscada podía ocasionar un aborto, y los consultorios se llenaron de embarazadas intoxicadas por la especia. Tras una intoxicación, la norma era sufrir de fiebre y alucinaciones. Y es que la nuez moscada contiene miristicina, un elemento psicoactivo que en cantidades grandes puede provocar incluso la muerte. Pero aclaremos que al ser una sustancia volátil que desaparece con facilidad al ser rallada, habría que ingerir enormes cantidades para intoxicarse. Dado que con un poco es suficiente para dar sabor, el riesgo de intoxicarse es mínimo.

En los años sesenta, esta obsesión por el efecto narcótico y alucinógeno de la nuez moscada llegó a su zenit: se probó a cocinarla en infusión, no sin la notable decepción de que su sabor no era agradable debido a la cantidad y del consiguiente dolor de estómago. Lo que en cantidades pequeñas es delicioso, en cantidades grandes puede resultar desagradable y peligroso.

Anécdotas y riesgos aparte, el uso normal de la nuez moscada está lejos de ser un peligro, ya que las cantidades utilizadas en cocina suelen ser muy pequeñas. Al ser su sabor y aroma tan intensos, se recomienda prudencia a la hora de utilizar la nuez o incluso el macis. La mitad de un arilo de macis será suficiente para un curry de verduras, y unas ralladuras de nuez moscada —el equivalente a un cuarto de cucharadita— bastará para darle ese sabor inconfundible a la bechamel, las papas gratinadas o una salsa de queso.

La lista de usos de la nuez moscada en cocina es enorme. A las recomendaciones anteriores podemos sumar los estofados de carne, los cocteles a base de ron, las bebidas calientes y reconfortantes —como el chocolate o el café especiados—, las galletas, las tartas de fruta, las natillas, etcétera.

Ante la duda entre usar nuez moscada o macis, reserva este último para las cocciones más largas y la nuez para todo lo demás. El macis se recomienda también en los platos de mariscos, mientras que la nuez moscada es un gran aliado para reducir la acidez del jitomate.

Ambas especias aligeran los platos que llevan crema, leche o queso, aportando notas florales y cálidas. Además, se lleva a la perfección con otras especias, como la pimienta, el jengibre o la canela.

Todo aquello que te pueda resultar aburrido puede alegrarse con un poco de nuez moscada, especialmente verduras cocidas, como la col y las coles de Bruselas, o asadas, como la calabaza o las berenjenas.

El macis y la nuez moscada son, sin duda, unas grandes aliadas en la cocina, capaces de transformar los más sencillos platos en delicias para el paladar.

HUEVOS CON NUEZ MOSCADA

1 cucharadita de mantequilla (o de aceite de oliva)
2 huevos
1 cucharadita de queso crema, leche o crema
½ cucharadita de nuez moscada

En un sartén calentamos una cucharadita de mantequilla o un poquito de aceite de oliva. Incorporamos dos huevos batidos mezclados con un poco de queso crema, leche o crema, y añadimos la media cucharadita de nuez moscada. Revolvemos despacio mientras se cuajan y los retiramos del fuego cuando estén a nuestro gusto. En pan tostado, son el desayuno perfecto.

BAYAS DE ENEBRO

Estas bayas y la ginebra comparten algo más que el origen de su nombre (*juniperus*). Las bayas de enebro son sin duda las que le dan el sabor y el aroma tan característico a esta y otras bebidas alcohólicas.

Pero las bayas de enebro se usan también en cocina en cientos de recetas interesantes y sabrosas, tanto dulces como saladas.

Forma parte de la gran familia de las coníferas (pinos, abetos, cedros) y su presencia se extiende por Europa, norte de África, Asia y Norteamérica. Los conos femeninos de esta planta son los que se transforman tras dos o tres años de espera en bayas carnosas negroazuladas, cuyo aroma resinoso —como de pino— las convierte en ingrediente indispensable de adobos y escabeches. También aligeran los platos de caza

con su intenso y fresco sabor, así como los patés y las salchichas. Sus hojas y madera se utilizan en las barbacoas para aromatizar carnes asadas grasas, como el cerdo o el cordero, y también los pescados grasos, como el salmón o la caballa. En cuanto a las verduras, las bayas de enebro son amigas de la col, sobre todo fermentada (chucrut), y en repostería queda especialmente bien con el chocolate.

Asegúrate de comprarlas blandas para poder añadirlas a la comida simplemente machacándolas con los dedos. Las notarás aceitosas y perfumadas. También puedes triturarlas en un mortero con granos de sal, o solas si son para repostería.

Las bayas de enebro se utilizaron en tiempos de plagas: sus ramas se quemaban en los espacios públicos a modo de fumigante. Esta práctica se siguió llevando a cabo en los hospitales franceses hasta el siglo XIX, durante la epidemia de viruela de 1870.

Aunque está contraindicada en embarazadas, preparada en infusión es un remedio eficaz contra la retención de líquidos, la flatulencia y la indigestión.

Otro de sus usos es el teñido de textiles, ya que aporta a las prendas tonos marrón cremoso o caqui. Y, cómo no mencionarlo, sirvió como fuente de inspiración para los hermanos Grimm en su hermoso relato «Del enebro», un cuento lleno de pasajes escalofriantes cuyo testigo será el mencionado árbol.

Si eres amante del *gin-tonic* pero, por el motivo que sea, no puedes beber alcohol, machaca con los dedos unas seis bayas de enebro y ponlas en un vaso con hielo y una piel de limón. Vierte tu tónica favorita y disfruta del sabor.

Utilízalas para marinar carne o pescado; si su sabor al masticarlas te resulta demasiado fuerte, puedes retirarlas después de asarlas.

MARINADO FÁCIL PARA CARNES O PESCADOS

Para 1 kg de carne o 2 piezas medianas de pescado:

20 bayas de enebro
4 hojas de laurel en trozos
1 cucharadita de paprika dulce de la Vera
1 cucharadita de ajo molido
2 cucharadas de pimienta molida gruesa
2 cucharadas de cilantro en semilla molido
3 cucharadas de aceite de oliva
2 cucharaditas de sal si es pescado, 4 si es una pieza de carne (pulpa blanca de ternera es una buena elección)

Mezclamos todos los ingredientes.

Para el pescado:

Sobre papel aluminio colocamos de manera individual el pescado de nuestra elección. Pintamos con la mezcla por ambos lados y cerramos el papel, formando un papillote. Podemos cocinarlo en el horno, pero también se puede hacer en el sartén, cocinándolo 10-15 minutos por cada lado dependiendo del grosor del pescado.

Para la carne:

Sobre papel aluminio colocamos la pieza de carne previamente lavada y secada con una servitoalla. Frotamos bien con la mezcla de especias y envolvemos bien con el papel. Horneamos la pieza durante 5 horas a 120 °C envuelta y en un recipiente con algo de profundidad. Dejamos enfriar, todavía envuelta, a temperatura ambiente, y luego la guardamos en el refrigerador. Retiramos el papel aluminio cuando vayamos a cortarla. El sabor y textura de esta carne recuerda al pastrami: se congela bien y es ideal para preparar bocadillos.

GRANADA

Cuenta la leyenda que Proserpina fue raptada por Plutón (también conocido como Hades), dios del inframundo. Júpiter mandó a Mercurio a recuperarla, quien convenció a Plutón de que aceptara liberarla, no sin antes darle de comer seis semillas de granada, símbolo de la fidelidad en el matrimonio. De esta manera la obligó a vivir con él seis meses al año, y el resto con su madre, Ceres, diosa de la tierra y de la naturaleza. Cuando Proserpina emergía del inframundo, la tierra se llenaba de flores, pero, al volver, la naturaleza perdía sus colores, marcando con sus idas y venidas las estaciones del año.

A la granada se le han atribuido poderes mágicos desde la Antigüedad. En los jardines colgantes de Babilonia, una de las maravillas del mundo, había árboles de granada, y los babilonios masticaban sus semillas antes de ir a la batalla, pues creían que los hacían invencibles. Los antiguos egipcios eran enterrados con ellas, y en la Biblia también se les menciona. Han sido símbolo de salud, suerte, fertilidad e inmortalidad.

Originarias de Irán, fueron los bereberes quienes las trajeron a Europa. Se dice que dio nombre a la ciudad de Granada, en Andalucía, cuyo escudo heráldico luce dicha fruta. También se cree que su cáliz en forma de cresta fue la fuente de inspiración en la tradición judía para hacer las coronas. En China se da como regalo de bodas para auspiciar una gran descendencia, y en la tradición musulmana el granado es uno de los árboles del Paraíso.

Por otro lado, sus propiedades medicinales son tantas que se le considera una farmacia ambulante, creencia ya proclamada por la medicina ayurvédica en la India, donde se planta y se consume desde hace siglos.

Su agradecida presencia se extiende por Asia, Europa y América, y sus frutos engalanan platos tan emblemáticos como el fesenjan iraní o los chiles en nogada en México. En la India, sus semillas se utilizan secas —tanto enteras como molidas— a modo de especia, y se le conoce como anardana. Su sabor es afrutado, con una acidez algo astringente parecida a la de los arándanos rojos o del hibisco. Se usa en curries, chutneys, pakoras y paratas. Se utiliza de forma parecida al amchur y a menudo se la prefiere porque también aporta dulzor a los platos.

Muy apreciada en Oriente Medio, se consume fresca en ensaladas y postres, o en forma de melaza, como en el popular baba ganoush.

Semillas frescas o secas, jugo recién exprimido y melaza: la granada nos ofrece mil posibilidades en la cocina.

Las semillas frescas son como rubíes llenos de jugo. Aportan sabor y belleza. El jugo, además, hace que la carne se ponga más tierna. La melaza por su parte es el ade-

rezo perfecto para cualquier ensalada. La granada dará un sabor afrutado y ligeramente ácido a tus ensaladas, hummus, verduras asadas, etcétera.

La melaza de granada es más ácida de lo que cabe esperar, pero algunas marcas comerciales añaden azúcar. No resultan tan ácidas y se pueden utilizar en preparaciones dulces (sobre helado, yogur, ensaladas de fruta, etc.).

PIMIENTOS, CHILES Y AJÍES

Hay una copla que dice «con lo que quieran llamarme me tengo que conformar». La polémica estaba servida desde que en plena búsqueda de la ardiente pimienta en tierras desconocidas, los descubridores europeos se topan con los pimientos picantes.

Por comodidad y popularidad adoptaré el término «chile», que proviene del azteca, pero «pimientos» y «ajíes» también son válidos. Todos los chiles pertenecen al género *Capsicum* —o sea, los pimientos—, el cual pertenece a la gran familia de las solanáceas o belladonas, que recogen a su vez bajo su epígrafe a parientes como la papa, el tabaco y el jitomate (sin su toxicidad, claro está).

Con quien no tiene ningún parentesco es con la pimienta negra, a pesar de la existencia de la pimienta de Cayena, de Alepo, de Espelette y de la pimienta palmera, todas pimientas picantes menos la última. De ellas hablaré más adelante.

Lo que nos ha seducido de los chiles desde un primer momento no ha sido solo su sabor o sabores —la variedad es inmensa—, sino su picor, que también varía según el chile del que hablemos.

La causante del ardor de los chiles es la capsaicina, un alcaloide cristalino que se produce en la parte blanca interior de los pimientos y se extiende por sus paredes. La mayor concentración de capsaicina se encuentra en los nervios donde se hayan suspendidas las semillas.

Al carecer de olor, color o sabor, la cantidad de capsaicina que posee un chile solo puede saberse por medio de análisis específicos. Es una de las sustancias más potentes que existen, incluso detectable en grandes disoluciones. Es ligeramente soluble en agua y muy soluble en grasas, alcohol y aceite. Por eso es recomendable lavarse las manos con agua y jabón después de manipular chiles, para quitar la capsaicina que haya podido quedar en la piel.

El nivel de picante de los chiles se mide según la escala Scoville, que debe su nombre a Wilbur Scoville. El número de unidades Scoville indica la cantidad presente de capsaicina. El proceso consiste en diluir el extracto del chile que se quiere medir en agua azucarada hasta que el picante no pueda ser detectado. La escala va del cero

de los pimientos dulces a los dos millones que puede alcanzar un Carolina Reaper, o incluso más si trata del *dragon's breath* (aliento de dragón).

La tolerancia al picante de los chiles es relativa. Podemos igualarla a lo que cada uno entiende como dulce o salado. Los científicos hablan de una predisposición genética para tolerar el picante o no, y de la presencia de unas moléculas grasas en la boca que nos hacen notar más o menos la sensación de dolor que provoca el picante.

Conviene recordar que el picante no es un sabor, sino una sensación, y pertenece al sentido del tacto y no del gusto. En cuanto a que resulte tan adictivo, los psicólogos consideran esa sensación de dolor como un riesgo controlado; es decir, un riesgo que estamos dispuestos a correr porque la sensación tras el mal trago es tan placentera que no nos importa el trance para llegar a ella. Sería comparable a subirse en una montaña rusa.

Yo veo más los chiles y su picor como un ingrediente feliz que alegra nuestros platos y nos calienta el alma, siempre, claro, que no nos pasemos de nuestro nivel de tolerancia. Si nos enchilamos, podemos beber leche o tomar yogur, masticar un trozo de pan o tomar sal, pero en ningún caso beber agua, ya que, como antes señalaba, la capsaicina no se disuelve fácilmente en ella y al beberla repartimos el picante por toda la boca.

No deja de sorprenderme la gran variedad de chiles que existen y lo versátiles que son en cocina. Quizás la capsaicina no tenga sabor, pero sí los chiles que la contienen. De la misma manera que un pimiento italiano no sabe del mismo modo que uno de asar —siendo los dos dulces—, no saben tampoco igual un fiero habanero y un rocoto, o una naga jolokia y un jalapeño. No hablo solo de diferentes niveles de picante, sino también de dulzor, acidez, etcétera.

El género *Capsicum* engloba por un lado a los pimientos dulces y por otro a los picantes, cuyo origen se sitúa en América del Sur, aunque emprenderán un interesante viaje a otras zonas del continente americano. A finales del siglo XV, en 1493 para ser exactos, Colón se topa con este tesoro de la naturaleza, al que llamará «pimienta roja», y lo lleva a España, donde causa sensación. Probablemente sea el mejor regalo que el Nuevo Mundo dio al Viejo. A la ansiada pimienta negra le había salido un claro competidor.

Desde finales del siglo XV, españoles y portugueses tienen acceso a las semillas de los chiles, que llevarán a Europa y a todos los países que configuraban sus rutas comerciales. Sus barcos estarán cargados de oro y de plata, pero también de semillas del Nuevo Mundo, destinadas a los huertos monacales, cuyos monjes cultivarán con mimo y proveerán de semillas a otros países europeos.

Hacia el siglo XVII, los chiles eran ya conocidos en el mundo entero. Se convertirán en el ingrediente por excelencia de cocinas tan variadas como la india, caribeña, mexicana, africana, asiática y estadounidense, en particular la cocina cajún y criolla de Luisiana. Hoy en día es la especia más consumida en el mundo.

Curries indios, moles y salsas mexicanas, kimchi coreano, harissa tunecina, piri piri portugués, las papas bravas o camarones al ajillo. Cierto es que la cocina española no se identifica tanto con el picante como las otras mencionadas. Teniendo en cuenta que fue Cristóbal Colón quien introdujo por primera vez en Europa los chiles, cabe preguntarse por qué no arraigaron en España con toda la fuerza que sí alcanzaron en otros lugares del mundo, con la excepción de Extremadura y sus pimientos morrones ahumados, las alegrías riojanas o las piparras del norte. Sin embargo, su pariente más cercano no picante, el pimiento dulce en todas sus formas, sí arraigó ahí, y muchas de sus recetas no se conciben sin él: lentejas, pistos, gazpacho andaluz, sofritos de base para arroces, etcétera.

Existen variadas e interesantes teorías al respecto, desde una con un claro matiz moral que algunos sectores de la Iglesia no tardaron en señalar (algo que calienta el cuerpo y el alma así solo puede conducirnos a la concupiscencia) hasta la teoría según la cual cultivar chiles no resultó tan lucrativo como cabía pensar —como Colón esperaba—, ya que su cultivo era fácil y pronto perdería el carácter de especia cara, lejana, deseable e inalcanzable que tenían otras como el clavo, la nuez moscada o la pimienta.

A continuación haré un recorrido por los chiles y pimientos más conocidos y por algunas de las mezclas de especias picantes más emblemáticas que existen, y te contaré alguna recetilla interesante para que alegres tus platos.

Pimientos y paprikas

La región de la Vera, en Extremadura, fue uno de los primeros lugares que vio llegar los pimientos de América. Allí se han cultivado desde el siglo XVI, siendo su mayor seña de identidad los métodos de secado y de ahumado con madera de roble. Existen tres variedades: dulce, picante y agridulce. El de la Vera fue el primer pimiento/chile que recibió la denominación de origen.

El pimiento morrón dulce es ideal para guisados de papa, arroz y pescado. El agridulce se recomienda más para carnes, legumbres y caza. La variedad picante va bien con las sopas de invierno, el chorizo o el famoso pulpo a la gallega. ¡En algunas recetas se llegan a utilizar los tres!

Otros pimientos españoles con denominación de origen son el de Murcia y el de Mallorca, pero también se producen pimientos de calidad en Candeleda y en el Bierzo.

En cuanto a las paprikas, habría que aclarar un par de cosas. Paprika es el nombre internacional que se le da a los pimentones, pero también denomina en cualquier idio-

ma a los pimientos húngaros, cuyo origen responde a dos teorías. La primera es que el rey Carlos V —un ferviente consumidor de pimiento— le recomendó a su hermana, la reina María de Hungría, que lo usara haciéndose popular en dicho país centroeuropeo. La otra sostiene que los turcos fueron quienes adoptaron los chiles en la batalla de Diu, cerca de la India, donde los portugueses habían establecido una colonia importando desde América los apreciados pimientos.

Las paprikas húngaras, esenciales en recetas como el tradicional goulash, se dividen en varias categorías que van desde la picante, de color marrón claro, a la különleges, la más suave y de un rojo brillante.

El sabor de la paprika suele ser algo más ácido que el del pimiento de la Vera y, si no es una variedad ahumada, difiere mucho en sabor, pero en muchas recetas puedes utilizar uno u otro indistintamente. Ocurre algo parecido con el chile kashimiri molido, de poco picor pero que aporta un intenso y bonito color a los platos en los que se utiliza. Este chile indio no es fácil de conseguir, aunque puedes sustituirlo por algún pimiento no ahumado más una pizca de pimienta cayena molida.

Pimienta de Espelette, pimienta de Cayena, pimienta de Alepo y pimienta palmera

Como ya se señaló al comienzo de este capítulo, ninguna de estas denominadas pimientas está emparentada con la pimienta. Ni de lejos ni de cerca. Simplemente responden a una economía del lenguaje y al hecho, salvo en el caso de la pimienta palmera, de que su picor recuerda al de la especia india.

La pimienta de Espelette, que también tiene denominación de origen, se ha convertido en icono culinario del País Vasco francés. De los jardines monacales españoles y portugueses, los chiles viajaron hasta el pueblo de Espelette, del que no recibirían el nombre hasta el siglo XVII.

Es costumbre en dicho pueblo colgar los chiles en ristras como se ve en algunas regiones de América del Sur o como hacemos en España con las ñoras o los pimientos choriceros. Así se secan al sol, y luego se trituran o se muelen para su distribución comercial. Un hecho interesante es que el primer uso que se le dio a la pimienta de Espelette molida fue con otro cultivo del Nuevo Mundo, el cacao. Popularizada por los chocolates de Bayona, la pimienta de Espelette pasaría de los dulces a ser usada para curar jamones, en la preparación de salchichas y patés o incluso en platos de mariscos como sustituta de la pimienta negra.

Por otra parte, se le da el nombre de pimienta de Cayena o simplemente cayena a ciertos chiles pequeños del género *Capsicum annuum*, de moderado picor y de sabor poco acentuado y menos afrutado que otros chiles. Es bastante común llamar en ciertas regiones guindillas a chiles de tamaño mediano algo más alargados, pero a veces guindilla (llamada así porque cuelgan de la planta, como las guindas) y cayena se utilizan indistintamente, lo que hace todo aún más confuso en el ya complejo mundo de los pimientos picantes.

Bajo el epígrafe de pimienta de Cayena encontramos varios chiles, como el tabasco, el chile tailandés o los chaotián chinos (estos últimos también llamados «chiles mira cielo»). Son los más utilizados en el mundo y, aunque su sabor y picor pueden variar de uno a otro, son bastante manejables en comparación con otros chiles más picantes, como los habaneros, los nagas, etcétera.

También se llama pimienta de Cayena a algunos chiles molidos, ya que esta es la forma más utilizada para dotar los platos de una nota picante.

Aquí nos topamos con otro problema de traducción. En inglés se utilizan los términos de «cayena en polvo» o «chili en polvo» para lo mismo, pero, a su vez, el chili en polvo es también una mezcla de chiles, orégano, ajo y comino molidos (aunque su composición puede variar de una marca a otra).

La cayena molida puede variar en calidad según los chiles que se hayan molido, pero es sin duda una forma eficaz de añadir picante sin variar mucho el sabor del plato, sobre todo cuando se pone en la mesa para que cada comensal elija el nivel de intensidad.

En cuanto a su nombre, hay varias teorías. Puede proceder de la corrupción de la palabra *kyynha*, de una antigua lengua hablada en Brasil, o tanto de la ciudad de Cayena como del río Cayena, ambos en la Guyana Francesa.

En lo que se refiere a la pimienta de Alepo, recibe el nombre de la ciudad siria que desgraciadamente está en reconstrucción tras quedar devastada por distintos enfrentamientos bélicos. Se la conoce también como pul biber y suele proceder de Turquía, donde se utiliza profusamente. No es raro encontrarla en las mesas de restaurantes y de locales de comida rápida para espolvorearla sobre todo tipo de platos. Es de picante moderado y de sabor dulzón, muy versátil y agradable. Además, no está tan seca como otros chiles en hojuelas, ya que conserva cierta humedad y puede contener algo de aceite. No tendrás la sensación de masticar trocitos de papel. Ayşe, la madre de un amigo mío, dice que el pul biber no se hace con ningún chile en particular: cualquiera de los chiles rojos que ella misma cultiva valen. Palabra de madre turca.

Por último, está el caso de la pimienta palmera. Se trata de un pimiento rojo seco que se cultiva en La Palma y que se utiliza para hacer mojos, almogrotes y diversos platos de la cocina de las islas. Existen otras variedades de pimentas canarias que, según su forma o nivel de picor, reciben otros nombres, como picona, la puta de la madre, pinga de gato, etcétera.

Otros chiles en hojuelas

Existen otros chiles populares que también se suelen comercializar en hojuelas. Entre ellos está el chile de árbol molido, conocido como copos de chili. Estas hojuelas provienen de varios chiles, entre ellos los chaotián y otros similares.

Del mismo origen que la pimienta de Alepo tenemos el isot o urfa biber, un chile triturado y fermentado, de color muy oscuro casi negro y algo más picante que el pul biber. Tiene una apariencia algo aceitosa y tiñe de naranja intenso si lo cocinas en aceite, por ejemplo, en unos camarones al ajillo. Se ha hecho muy popular en los últimos años gracias a la presencia en redes de cocineros muy populares de Oriente Medio, que han dado a conocer más allá de su lugar de origen este chile sabroso, rico para todo y que aporta además un contraste estético sobre alimentos más claros como el arroz, la pasta, etc. Además de combinar con todas las especias, como el resto de los chiles, el isot es ideal para utilizarlo en crudo, tanto para emplatar como para añadir un toque picante de última hora.

Por último tenemos el gochugaru, unas hojuelas de chile coreano de intenso color rojo, apariencia fresca y que conserva el sabor y el aroma dulzón de los pimientos fres-

cos no picantes. De hecho, no pica en exceso y es uno de los ingredientes principales para elaborar kimchi, la col fermentada picante que se ha ganado un puesto de honor entre las guarniciones y aderezos que acompañan carnes, pescados, sándwiches, ensaladas, etcétera.

El gochugaru es de sabor agradable, afrutado, y aporta mucho sabor, además de picor. Es sin duda una gran opción a la hora de sustituir la pimienta cayena molida o en grano. Al no estar tan seca como esta, en boca resulta más agradable, sobre todo si se utiliza en grandes cantidades.

Fuego en la boca: los chiles más picantes

Hasta hace muy poco, en el pódium de los chiles más picantes del mundo estaba el habanero, chile mexicano de tamaño pequeño con forma de farolillo, muy afrutado pero también muy picante.

Sin embargo, al habanero (y al similar *scotch bonnet*, o chile panameño) le salieron hace unos años tres claros competidores, alguno más si se cuentan los que aún no se comercializan, como el aliento de dragón. Estos tres potentes chiles son el naga jolokia (también conocido como chile fantasma), procedente de la India, el Trinidad Scorpion y el Carolina Reaper, ambos de Estados Unidos. Estos a su vez cuentan con variantes producto de hibridaciones más o menos complejas, casi todas llevadas a cabo en plantaciones norteamericanas. Son las estrellas de los concursos de comer chiles y los que ocupan puestos sin precedentes en la escala Scoville.

Más allá del picor, estos chiles tienen mucho sabor, muy afrutado cuando se comen frescos y muy sabrosos —sobre todo los ahumados— cuando se utilizan secos. Para determinados platos deliciosamente ardientes, son la clave para que no se pierda un atisbo de su grandiosidad. Los nagas indios harán de tu vindaloo de cordero el plato protagonista de la mesa, tras los aperitivos de cebolla y papas y el cachumber agridulce. Ten un recipiente de yogur a la mano por si acaso. Tampoco te dejarán indiferente las costillas de cerdo marinadas con Trinidad, azúcar morena, paprika, hierbas de tu elección y un buen chorro de bourbon. Y, para el más picante, una mayonesa con Carolina Reaper y lima para mojar brochetas de camarones a la brasa o para burritos de pollo asado. ¡Derramarás lágrimas de placer... y alguna que otra de dolor!

Si aún no te atreves a cocinar con estos chiles, prepara aceite picante en distintas botellas con distintos chiles, y así podrás probar poco a poco la magnitud de su sabor y de su picor.

Como ya mencioné, los chiles combinan bien con todas las especias, pero también con la sal, el azúcar, los licores, los lácteos, cualquier tipo de grasa o aceite y con cualquier tipo de materia prima vegetal o animal. Pero, sin duda alguna, si existe un alimento sobre la faz de la tierra que se una al picante a la perfección es el cacao y más aún el chocolate. ¡No es de extrañar que la combinación de ambos fuera en su origen la bebida de los dioses!

No me he olvidado de otros muchos chiles esenciales para las cocinas de alrededor del mundo. Ya solo en México se concentra la mayor parte de ellos: poblanos, anchos, guajillos, pasilla, de árbol, cascabel... En otros rincones del mundo también destacan los pequeños charapitas (Perú), wiri wiri (Ecuador), amazonia (Colombia)... y los algo mayores kashmiri (la India), puyas (China), etc. La variedad es extensa, con mil matices de sabor y picor. Hay —sin ofender— un mundo más allá de la cayena molida: solo hay que atreverse a adentrarse en él.

MEZCLAS PICANTES

En el apartado de mezclas de especias encontrarás alguna que otra mezcla picante, pero aquí tienes otras que claramente lo son.

SAMBAL OELEK (CONDIMENTO DE LIMA Y CHILES)

Para media taza:
15 chiles rojos secos pequeños sin rabito (pimienta cayena, chaotián, chile tailandés)
6 dientes de ajo
3 cucharadas de jugo de lima
1 cucharada de aceite de ajonjolí, aceite de girasol o crema de cacahuate

Ponemos los chiles en un bowl con agua hirviendo durante 15 minutos para que se reblandezcan. Los escurrimos y batimos junto al resto de los ingredientes. Podemos añadir más jugo de lima si queremos una salsa más líquida.

En un bote de cristal cerrado puede durar hasta dos semanas en el refrigerador.

BAJAN (CONDIMENTO DE BARBADOS)

Para taza/taza y media:
1 cebolla grande picada
2 cebollas cambray picadas
5 dientes de ajo
2-3 habaneros o chiles panameños sin rabito, frescos o secos
150 ml de vinagre de manzana
3 cucharadas de jugo de lima
2 cucharadas de aceite
2 cucharadas de perejil fresco picado
1 cucharada de cebollín fresco picado
1 cucharadita de tomillo seco
1 cucharadita de mejorana seca
1 cucharadita de sal
½ cucharadita de clavo molido
½ cucharadita de pimienta negra recién molida

Trituramos la cebolla, cebollas cambray, ajos y chiles con un poco del vinagre y el jugo de lima. Añadimos el resto de los ingredientes y batimos todo junto hasta conseguir una pasta. Ponemos la mezcla en un bowl de cristal o cerámica (no metálico) y lo cubrimos. Refrigeramos la pasta al menos durante 24 horas antes de usarla.

Aguanta hasta dos meses en el refrigerador.

Por último, una recetita sencilla pero muy útil para acompañar quesos, carnes frías o salmón ahumado.

JALEA DE CHILES DE ÁRBOL

Para 1 l aproximadamente:
2 cucharadas de chiles de árbol frescos sin semillas y picados finos
800 ml de vinagre blanco
360 ml de jugo de manzana de calidad
500 g de azúcar

Mezclamos los chiles picados con el vinagre. En un cazo, calentamos la mezcla junto al jugo de manzana. Llevamos a ebullición y bajamos al mínimo. Cocinamos todo durante unos 20 minutos. Incorporamos el azúcar y subimos el fuego. Hervimos hasta que se espese y adquiera textura de jalea.

Ponemos en botes de cristal esterilizados y previamente calentados para que no se rompan al entrar en contacto con la jalea caliente. Cerramos con tapas herméticas.

SALVIA

Cur moriatur homo cui salvia crescit in horto (¿cómo puede morir alguien teniendo salvia en el huerto?).

La salvia (*Salvia officinalis*) comenzó siendo una planta medicinal hace miles de años. Su nombre significa «salvar» o «curar». Estaba en la categoría de panacea —buena para todo— y, como era de esperar, también formaba parte de ese grupo de plantas con propiedades psicomágicas.

Hoy en día no se desestiman muchas de sus propiedades, pues la salvia sigue siendo un remedio eficaz para aliviar la irritación de garganta, tratar distintas afecciones de la piel y, no menos importante, aclarar la mente y ayudar con los problemas de pérdida de memoria. Hay estudios que siguen investigando cómo la salvia puede frenar el

deterioro mental. En cualquier caso, tomar salvia nos ayudará a estar más calmados, centrados y alerta.

Hacia el siglo XVI, la salvia era concebida en Europa como una curiosidad culinaria, y poco a poco se ganó la admiración de los cocineros para aligerar aquellos platos en los que se empleaba mucha grasa, por ejemplo, en la elaboración de salchichas. En la gastronomía italiana se convertirá en un ingrediente esencial en muchos de sus platos de carne y de pasta. Los alemanes, por su parte, cuentan con ella para recetas de cerdo, cordero lechal y recental. Los franceses la utilizan para carnes asadas y charcutería. En Inglaterra se usa en las salchichas y en la elaboración de varios quesos. No obstante, uno de los usos más conocidos de la salvia es el que se le da en Estados Unidos: el relleno del pavo de Acción de Gracias.

La salvia tiene un sabor como de pino, balsámico, fuerte y templado a la vez, como el otoño, y es apropiada para platos contundentes como los estofados de larga cocción y todos aquellos que contengan materia prima grasa: pato, ganso, salchichas, hígado o rellenos de carne, entre otros. En cuanto al reino vegetal, la salvia va muy bien con la calabaza, las papas y la manzana.

La salvia seca es más fuerte que la fresca, por lo que se recomienda prudencia en su uso para que no predomine en el plato. A veces se le utiliza con otras hierbas como el tomillo y la mejorana, pero no se recomienda su uso con hierbas de sabor sutil, ya que siempre será la salvia la que predomine. Sí combina bien con otras especias como la pimienta y la nuez moscada, y con cítricos como el limón y la lima.

Si tienes hojas frescas, puedes freírlas para servir sobre cremas de verduras o romperlas frotándolas entre tus dedos antes de echarlas en una pizza.

MANTEQUILLA DE SALVIA

250 g de mantequilla (sin sal o con sal)
1 cucharadita de salvia seca

Derretimos la mantequilla y añadimos una cucharadita de salvia seca. Dejamos en el fuego hasta que se oscurezca un poco. Será un toque final delicioso para los platos de pasta.

CARDAMOMO

Oro verde, reina de las especias y centinela del estómago. Remedio infalible para el mal aliento y las náuseas. Perfumado y sensual, su reputación de afrodisiaco le otorga un lugar especial entre las especias más apreciadas y más caras.

El cardamomo es originario de la India, Sri Lanka y Malasia, donde no solo se cultiva, sino que se consume a diario. Hace poco más de cien años salió de su lugar de origen para ser plantado en otros lugares. Su viaje a otros terruños de cultivo dio lugar a uno de los principales productores de cardamomo en la actualidad: Guatemala.

Los romanos sentían especial predilección por esta especia, que utilizaban como cepillo de dientes natural. No solo limpiaba los dientes, sino que también refrescaba el aliento y disipaba el olor a ajo de la boca o de comidas muy especiadas. Además, facilitaba la digestión.

Hoy en día se utiliza principalmente en la cocina india, marroquí, iraní y árabe, y forma parte de mezclas tan conocidas como el ras el hanout y el garam masala. Se usa indistintamente en platos dulces y salados. En los países árabes se utiliza para preparar el café y ofrecerlo a las visitas como símbolo de hospitalidad y generosidad. Tan solo hay que encajar unas vainas de cardamomo en la boquilla de la cafetera; el café caliente al paso hará el resto. En Turquía, el café con cardamomo ha ganado también reputación internacional, haciendo de esta bebida un elemento esencial en la sobremesa.

Los vikingos introdujeron el cardamomo en Escandinavia, donde es casi tan popular como en el sur de Asia o en Oriente Medio. En Suecia, Dinamarca y Finlandia se usa

principalmente en pasteles, panecillos, hojaldres y galletas. En Alemania se usa sobre todo en Navidad para hacer las famosas galletas lebkuchen.

El alto precio del cardamomo viene marcado por la complejidad de su cultivo. Tras sembrar las semillas, las plantas de cardamomo tardan tres años en madurar, pero las vainas no maduran al mismo tiempo. Su recolecta se lleva a cabo durante meses e implica muchas horas de trabajo de recolección, secado y clasificación. Cualquier vaina con fracturas o descolorida se rechaza. Para producir un kilo de cardamomo de calidad son necesarios unos seis kilos de vainas maduras.

A la hora de comprarlo, elige vainas con un bonito color verde limón. Si lo compras molido, hazlo en pequeñas cantidades. Aunque es muy práctico, pierde el aroma con relativa facilidad, ya que sus aceites esenciales son muy volátiles.

El aroma del cardamomo, especialmente el de sus semillas (entre ocho y diez en cada vaina), tiene notas de eucalipto y un ligero perfume cítrico. Es una de esas especias que no deja indiferente a nadie. En boca es refrescante, casi balsámico, y en cocina es extremadamente versátil.

Si utilizas la vaina entera, rómpela antes de echarla a la receta que estés preparando. Al final puedes retirar la vaina, pero no descartes las semillas. Las vainas de cardamomo son ideales para preparar curries (sobre todo kormas), conservas o chutneys.

El cardamomo molido está más indicado para recetas dulces. Su pareja de baile ideal es el chocolate, pero combina bien con todas las frutas y con otras especias intensas, como las utilizadas para hacer el chai masala, bebida que ha llegado a todos los rincones del mundo, conquistando desayunos, sobremesas y tardes de invierno de sofá y peli. Las versiones más actuales de esta popular bebida pasan por utilizar leches vegetales o convertirla en un té helado.

Otra de las bebidas conocidas preparadas con cardamomo es el lassi de mango. Te dejo la receta a continuación.

LASSI DE MANGO

Para 2-3 personas:
1 mango maduro
2 yogures naturales
1 cucharadita de azúcar o miel
¼ de cucharadita de cardamomo molido

Batimos todos los ingredientes y servimos muy frío.

Existe también un cardamomo de mayor tamaño y de color marrón conocido como cardamomo negro. Está emparentado con el cardamomo verde. Ambos pertenecen a la familia del jengibre. El aroma del cardamomo negro es mucho más intenso que el del cardamomo verde, pero menos refinado y sutil. Comparten la nota de eucalipto, aunque en este caso intensificada con notas de alcanfor y ahumadas, ya que el ahumado es el método con el que se secan las vainas. Se utiliza en platos muy especiados de la cocina india, como el rogan josh, y en guisados de larga cocción en la cocina china.

Puedes añadirlo también a cualquier estofado de carne o verduras clásico al que quieras darle un toque diferente o incluso combinarlo con pimienta negra y pimienta gorda para un sabroso rosbif.

La corarima o cardamomo de Etiopía es otro de los falsos cardamomos. Se utiliza para el berbere y las mitmita etíopes.

KOKUM

El kokum, cocum o goraka, es el fruto de un árbol perenne tropical (*Garcinia indica*) oriundo de la India. Cuando madura, adquiere un color púrpura intenso, y se recolecta y seca en primavera. De la fruta se suele conservar solo la piel, que seca es de color negro, tiene una textura algo pegajosa y desprende un aroma ácido, salado y dulce a la vez. La piel se frota con sal para acelerar el secado y para conservarla mejor; por eso se recomienda enjuagarla bien con agua fría antes de usarla.

En la cocina de India y de Sri Lanka se utiliza como acidulante, del mismo modo que el tamarindo o el amchur, y también como conservante. La piel curtida del kokum otorga un precioso color púrpura rosáceo a los alimentos, pero si mancha la ropa es difícil de quitar.

El kokum se puede utilizar de dos formas: o bien sumergido en líquido (se pondrá blando y dará sabor al plato) o molido con otras especias. Los platos más comunes en que se utiliza son los curries, chutneys y conservas, en refrescantes helados para combatir el calor en verano, en curries de lentejas y con el yogur.

El kokum previene la deshidratación y los golpes de calor. También ayuda a controlar el apetito, por lo que se ha vuelto popular como complemento en procesos de adelgazamiento.

Para combatir las fuertes temperaturas del verano prepara este delicioso helado.

HELADO DE KOKUM

Para 4 personas:
190 g de azúcar
8-10 piezas de kokum seco
¼ de cucharadita de sal
½ cucharadita de comino tostado y molido

Ponemos a remojar los trozos de kokum en 100 ml de agua caliente, hasta que se ablanden (unos 20 minutos). Mientras tanto, preparamos un almíbar con el azúcar y 200 ml de agua.

Cuando el kokum esté blando, lo batimos e incorporamos el puré resultante al almíbar. Hervimos todo 2-3 minutos y retiramos del fuego. Condimentamos con el comino y la sal y dejamos enfriar.

Para servir pondremos en cada vaso un poquito del jarabe y agua muy fría.

SEMILLAS DE AMAPOLA

Poco tienen que ver las semillas de amapola, de sutil sabor a frutos secos, con los efectos devastadores del demonio celestial: el opio. Sí, las semillas de amapola proceden de dicha planta, pero estas carecen de los alcaloides que contiene el opio y que ha dado origen a dos potentes drogas: la morfina y la heroína.

Antes de que el opio se convirtiera en un problema mundial, las propiedades medicinales de la adormidera, como también se las conoce, eran bien conocidas por sumerios, griegos y romanos, especialmente sus propiedades narcóticas y analgésicas. Se dice que su nombre —*Papaver somniferum*— proviene de la palabra latina infantil *papa* ('papilla'), en la que padres desesperados no dudaban en dejar caer unas gotas de la savia de la planta para calmar a sus hijos.

Aunque es originaria de los países del Mediterráneo, la adormidera se expandió con relativa sencillez por su fácil adaptación a diversos climas y por las numerosas semillas que contienen sus cápsulas. No es de extrañar que en la Antigüedad se le relacionara con las deidades de la fertilidad de varias civilizaciones.

En cuanto a las semillas —que son las que nos interesan desde el punto de vista culinario—, las hay de dos tipos: las que van del negro al azulado, de origen europeo, y las de color marfil, llamadas blancas, de origen asiático. Para que las semillas aporten sabor es mejor cocinarlas que utilizarlas en crudo. En muchas recetas será necesario

molerlas, o ponerlas a remojar y luego machacarlas en el mortero para obtener una pasta.

Las semillas negras y azuladas se utilizan sobre todo en panes y repostería, bien enteras o como ingrediente de rellenos dulces. Su color también sirve de elemento decorativo en contraste con las masas, de color más claro, como ocurre en el panqué de limón y semillas de amapola.

Las semillas blancas se utilizan más como espesante, como es el caso de los kormas indios.

Ambos tipos de semillas se pueden freír en mantequilla para condimentar fideos o verduras.

A pesar de su diminuto tamaño, las semillas de amapola contienen una gran cantidad de aceite y se enrancian con cierta facilidad. Lo ideal es adquirir la cantidad que se vaya a utilizar en el momento. El sobrante se puede guardar en el refrigerador.

MAHLEB

El mahleb se obtiene de un árbol llamado cerezo de santa Lucía. Sus frutos, unas cerezas muy ácidas no comestibles, encierran en sus huesos unas pepitas de color *beige* del tamaño de un grano de pimienta, de aroma dulce y sabor ligeramente amargo.

Es originario del sur de Europa, pero crece silvestre en varios países del Mediterráneo. Desprende un perfume que recuerda a la cereza, a las almendras y al agua de rosas. Incluso se habla de notas de vainilla. La cumarina, un componente que aparece también en el haba tonka y en el trébol de olor amarillo, es la responsable de esos aromas dulces y envolventes.

En su origen se utilizaba sobre todo en perfumería y como ingrediente de algunos remedios medicinales para la hipertensión, la caída del cabello y la anemia, pero terminó convirtiéndose en una especia culinaria muy popular para condimentar el pan. Hoy en día se utiliza sobre todo en Oriente Medio y en el Mediterráneo oriental, y sirve para conferir un sabor afrutado a productos de pastelería, galletas, panes y al queso nabulsi, un queso en salmuera procedente de Jordania.

En Grecia es uno de los ingredientes del tsoureki, un pan dulce trenzado que se come en las fiestas de Pascua. Irán, Turquía y Siria son los principales países productores de mahleb.

Lo ideal es comprar las pepitas enteras y molerlas al momento para que no pierdan su perfume. Deben conservarse en un bote hermético en el refrigerador para evitar que se enrancien.

La forma más sencilla de utilizar mahleb es añadir una cucharadita por cada 200 g de harina en la preparación de pasteles, galletas o panes. El aroma impregnará tu cocina de notas florales y dulces. También puedes utilizarlo para marinar cordero o cerdo, en los pays de queso o incluso en el arroz con leche.

MEJORANA

Esta maravillosa hierba mediterránea es poco conocida hoy en día en la cocina española. No se debe a que no haya recetas —que las hay, y muchas, sobre todo en la cocina catalana y andaluza—, sino a que su papel se ha visto continuamente eclipsado por su poderoso pariente, el orégano.

La mejorana es una hierba antigua. En la Grecia clásica, las novias y los novios portaban coronas de mejorana como símbolo de amor y felicidad. Es una hierba llena de bondades que protege el estómago, previene úlceras, tiene propiedades bactericidas y te ayuda a calmar la tos de los catarros y resfriados.

Crece en todo el Mediterráneo, y su presencia es necesaria y aplaudida en varias gastronomías. En la francesa forma parte del *bouquet garni* que se usa para estofados de carne y verduras y en salsas de mantequilla. En Alemania es uno de los ingredientes básicos de la elaboración de salchichas. En Grecia aromatiza la carne del popular gyros y en Italia mejorana y orégano se usan indistintamente en todo tipo de platos. No menos importante es su papel más allá del Mediterráneo. En la cocina mexicana apare-

ce en varios platillos tradicionales como cocidos, cremas de verduras y espárragos, o en escabeches de pescado.

La mejorana se lleva bien con la mayoría de las hierbas y especias. Se le suele asociar al tomillo y al romero, combinación ideal para carnes asadas o estofados, rellenos de carne molida y pasteles de verdura. En la quiche de puerros y setas, la mejorana resalta el dulzor de los puerros y da el toque herbal justo para aligerar la combinación de crema y queso.

Con la única hierba que no hace buenas migas es precisamente con el orégano, cuya afinidad es solo botánica, ya que su potente sabor tiende a ensombrecerla.

Es difícil equivocarse al usar mejorana, aunque no debe utilizarse en grandes cantidades, y en guisados de larga cocción es mejor añadirla hacia el final.

Se puede utilizar fresca, a pesar de que no es fácil de encontrar. Una opción es tener una maceta de esta aliada, pues su cultivo no requiere grandes cuidados. No obstante, seca da muy buenos resultados: en lugar de perder el aroma al secarse, su perfume se intensifica. Es tan fácil de usar como el orégano. Es uno de esos bueno para todo que alegran los platos de verdura y aligeran las carnes grasas y los lácteos.

CILANTRO EN HOJAS Y SEMILLAS

Hablar de hojas y semillas me parece la forma más eficaz de evitar confusiones. La elección de la palabra «cilantro» para las hojas y «coriandro» para las semillas —en realidad, los frutos— es innecesaria y da lugar a equívocos (pero, claro está, cada cual puede llamarlo como quiera).

Eso sí, no son intercambiables en una receta: aunque vengan de la misma planta, no saben igual ni se utilizan de la misma forma. Las hojas encuentran un número considerable de detractores por su intenso sabor jabonoso, casi de colonia cítrica, mientras que las semillas, con su dulce aroma a piel de naranja y salvia, suelen gustar a todo el mundo. Las hojas frescas las amas con locura o no las soportas: es difícil encontrar el término medio. Yo encuentro su sabor fascinante, fresco y cítrico, un invasor bienvenido que inunda la boca con su presencia.

Las semillas, presentes en las mezclas más importantes de especias (curries, dukkah egipcio, ras el hanout y harissa, entre otras), pasan sin embargo casi desapercibidas en compañía de otras como el comino, el clavo o la canela.

El cilantro fresco es una marca distintiva en la cocina peruana y mexicana, en la india y en la china. En la cocina tailandesa se utilizan las raíces, esenciales para preparar la pasta de curry rojo, pero en España es difícil de encontrar cilantro fresco con raíces, lo que lo convierte prácticamente en el santo Grial de los ingredientes a la hora de preparar cocina tailandesa. Si consigues las raíces, congela el sobrante después de lavarlas bien y secarlas con servitoalla.

Las semillas son realmente versátiles aunque su sabor no se haga tan evidente. Con ella se aromatizan platos dulces, salados y licores, y es un buen aliado para corregir errores. Si nos hemos excedido con el clavo o la canela, las semillas molidas de cilantro pueden disipar algo de esa poderosa presencia.

Las semillas son en realidad la verdadera especia, una de las más antiguas del mundo. Se han encontrado semillas de cilantro en yacimientos del Neolítico, en las tumbas de los faraones, junto a sus tesoros, y se les menciona en la Biblia. Además, son un elemento constante en las medicinas tradicionales griega, china y ayurvédica para tratar distintas dolencias que van desde problemas digestivos, alergias e infecciones hasta ansiedad, insomnio y vértigo.

En la Edad Media, las mujeres que deseaban quedar embarazadas se vendaban entre once y treinta semillas de cilantro en la cara interna del muslo izquierdo. El número de semillas —suponemos— tenía un significado místico.

En cocina puedes encontrarlas en cientos de recetas que cubren una parte importante de las gastronomías del mundo. En la India son parte integral de varios masalas (mezclas de especias) e imprescindibles para hacer distintos curries. En la cocina del norte de África, podemos encontrarlas en tajines, marinados y distintos aderezos. Y, cómo no, en la cocina española, sobre todo en la zona de Cataluña y en Andalucía, en las que la impronta de la cocina árabe es clara.

Cilantro y comino suelen ir de la mano, ya que se complementan muy bien en platos de pescado (papas con jibia o con bacalao), de carne (ternera guisada) o verdura (ensalada de zanahorias).

Es muy difícil excederse utilizando cilantro en semillas, sobre todo si están molidas, porque su sabor es suave. De hecho, en algunas recetas indias o magrebíes las cantidades utilizadas te sorprenderían.

Es curioso cómo el uso del cilantro en grano ha sobrevivido en la cocina española, mientras que el cilantro fresco ha vuelto a nosotros a través de la cocina india, tailandesa o mexicana, desapareciendo de nuestro territorio durante un periodo bastante largo. Tras la expulsión de los judíos y la finalización de la Reconquista, el cilantro fresco se relacionó con judíos y moriscos, por lo que se le sustituyó por perejil o se obvió de algunas recetas para pasar el filtro de lo que era aceptablemente cristiano. Afortunadamente, las semillas de cilantro escaparon a tan absurda censura.

Como ya mencioné, es ideal para los estofados. También en vinagretas, marinados y conservas. Molido grueso queda perfectamente con carnes a la plancha o en la barbacoa, y lo mismo con pescados, como, por ejemplo, en un papillote de salmón. Asimismo, va bien con champiñones salteados y añadido hacia el final de la cocción de arroz o cuscús. Y si quieres combinaciones ganadoras de especias, aquí tienes dos, una para el molinillo y otra para el mortero:

- Semillas de cilantro más granos de distintas pimientas: fantástica para todo tipo de elaboraciones.
- Semillas de cilantro, mantequilla, ajo y paprika: ideal para frotar el cordero antes de asarlo.

Haciendo honor a nuestras queridas islas Canarias, también te dejo una receta de mojo verde para las papas arrugadas o el pescado frito.

MOJO VERDE

1 manojo de cilantro fresco picado
2-3 ajos
100 ml de aceite
1 cucharadita de comino
1 cucharadita de sal

Trituramos todo..., ¡y lo tenemos!

Una de mis recetas favoritas de ensalada es esta de zanahorias, de herencia sefardí y árabe.

ENSALADA DE ZANAHORIAS

Para 4 personas:
1 kg de zanahorias cocidas y cortadas en rodajitas
1 cucharada de semilla de cilantro molida
2-3 cucharaditas de comino molido
2 ajos picados
Aceite de oliva vinagre al gusto
Sal al gusto

Mezclamos todos los ingredientes del aderezo y, después, espolvoreamos las zanahorias con él. No hay que olvidar remover todo bien para que se impregne por completo.

HORSERADISH

Se cree que la palabra inglesa horseradish viene de las palabras *hoarse* ('áspero', 'fuerte') y *radish* ('rábano'). En francés se la llama *raifort* ('raíz fuerte') y ciertamente lo es: en España, de hecho, se le llama rábano picante. Todo apunta a que es originario del sureste de Europa, y pertenece a la familia de las crucíferas, como las hojas de mostaza, el brócoli y el kale, la col y los berros.

Entero y crudo no tiene ningún olor, pero cuando la raíz se pela y se ralla, las células partidas desprenden dos componentes: sinigrina y mirosina, que combinados forman un aceite volátil (isotiocianato de alilo), también presente en la mostaza y en el wasabi. Este aceite es el responsable del fuerte olor que desprende y que, al respirarlo, nos abre las fosas nasales, despejándolas y provocando alguna que otra lágrima. En la boca pica un momento, pasa por la garganta y se nos va a la nariz. Son estos isotiocianatos los que convierten al horseradish en una poderosa y eficaz medicina, sobre todo en lo que a problemas respiratorios se refiere: reduce la congestión nasal, ablanda el moco, actúa como antiinflamatorio y bactericida y mejora el sistema inmunitario. Esta especia, que es descrita por primera vez como condimento hacia el siglo XVI en Europa, llegará a Estados Unidos hacia el siglo XVII, pero será en pleno siglo XIX cuando el horseradish de tradición claramente europea llegue al continente americano de la mano de inmigrantes alemanes y polacos.

En 1869 Henry Heinz, el mismo emprendedor de la cátsup, mezcló horseradish con vinagre para preservarlo y lo envasó en frascos de cristal. Esta mezcla se convirtió rápidamente en un producto de primera necesidad presente en todos los mercados.

En Estados Unidos se mezcla con cátsup para hacer la salsa coctel que acompaña a los mariscos y se añade al popular Bloody Mary. Incluso se celebra en Illinois el Horseradish Festival.

En Europa son los alemanes los grandes amantes de este rábano picante que aligera el sabor graso de las salchichas y otras carnes. Allí se producen infinidad de productos con horseradish, desde salsas y aderezos hasta cerveza. Una de las salsas más populares es la *apple merrich*, hecha a base de manzanas ácidas, crema agria y horseradish, y acompaña al cerdo asado, al jamón y a las salchichas.

En Noruega se prepara una salsa agridulce para acompañar el salmón y otros pescados. En Polonia es común que se mezcle con betabel para dar color y algo de dulzor. Los ingleses acompañan las carnes asadas y el rosbif con salsa hecha con horseradish, y los franceses lo utilizan mezclado con vinagre y aceite para aderezar las ostras.

En España es poco conocido y difícil de conseguir fresco. No obstante, es probable que lo hayas comido más a menudo de lo que crees, ya que suele ser el ingrediente principal del supuesto wasabi que acompaña nuestro sushi. Este falso wasabi suele ser una mezcla de horseradish y espirulina (para darle el característico color verde). Con suerte llevará algo de wasabi verdadero.

El horseradish se consume frío porque el calor le roba sabor y picor. Es relativamente fácil de encontrar ya envasado o en polvo. Si lo adquieres molido, actívalo con un poco de agua para que se desprenda el isocianato y luego mézclalo con yogur o con crema agria para hacer una deliciosa ensalada de papa, con vinagre y aceite para aderezar unos cogollos de lechuga o con alguna salsa barbacoa ya preparada para darle un toque más picante.

Mezclado con yogur griego y cebollín da lugar a una salsa ideal para pescados ahumados, al vapor o en papillote.

Para hacer una salsa clásica para el rosbif, mezcla 200 ml de crema batida sin azúcar con dos cucharadas de horseradish en polvo —previamente disuelto en un poco de agua—, el jugo de medio limón y media cucharadita de sal. Una vez mezclados los ingredientes, déjala enfriar en el refrigerador al menos una hora antes de servirla.

Otras recomendaciones son:

- En el omelette o huevos revueltos.
- En cualquier salsa que hagas para acompañar mariscos.
- En sopas.
- Para hacer salsa de mantequilla y yogur.

En caso de conseguirlo fresco, rállalo y guárdalo en un frasco de cristal en el refrigerador. Así se conservará bien por largo tiempo.

GALANGA

La galanga, o galangal, pertenece a la familia del jengibre, pero su sabor es más perfumado y especiado, más penetrante y picante incluso en nariz. Fresca tiene notas de pino y una textura fibrosa. Seca es más fuerte y dulce, con un sabor que recuerda al jengibre y a la canela. Es originaria de China, aunque allí se prefiere el jengibre; sin embargo, la galanga resulta esencial en la cocina tailandesa. En la actualidad, apenas se le conoce en España, pero en Asia ha sido y es ante todo una planta medicinal para tratar problemas de la piel, artritis, molestias digestivas e incluso diabetes. Esta misma importancia la tuvo en Europa durante la Edad Media: no solo se le atribuían propiedades medicinales, sino también mágicas y afrodisiacas. En los monasterios y conventos medievales se la utilizaba como medicina para tratar dolencias físicas y emocionales, como la angustia.

Algunas recetas medievales que incluyen galanga entre sus ingredientes han llegado a nuestros días. Un ejemplo es el hipocrás, un vino especiado que se tomaba en invierno. En la cocina andalusí del siglo XIII también existían recetas con galanga para elaborar dulces o conservar limas.

Existen tres tipos de galanga:

- La galanga mayor, que se utiliza en la cocina de Tailandia, Malasia, Camboya, Indonesia, Vietnam y sur de China. Es la más suave de todas.
- La galanga menor, utilizada sobre todo en perfumería y como medicina.
- La galanga kaempferia, llamada erróneamente galanga menor, también conocida como kencur. Es propia de la cocina de Java y Bali.

La galanga se puede comprar fresca, congelada o en conserva en mercados y tiendas asiáticas. También seca, tanto en rodajas como molida. Las rodajas secas tienen apariencia de madera y guardadas bien conservan su aroma hasta un año, pero hay que rehidratarlas en agua al menos media hora antes de usarlas. Si se utiliza la galanga en polvo, hay que ser prudente, pues es mucho más fuerte que fresca: se recomienda, pues, usar la mitad de molida que de la fresca.

Si compras galanga fresca, elige rizomas jóvenes con la piel tersa de color amarillo claro y anillos de color rojizo. Es normal encontrarla congelada junto con otros ingredientes típicos de la cocina tailandesa, como el limoncillo, el jengibre y las hojas de lima kafir.

Puedes usar galanga más o menos como usarías el jengibre: en curries, mayonesas, salsas hechas con crema agria, etc. En repostería la puedes utilizar para la mezcla del stollen (pan navideño alemán) o en galletas y pays de frutas.

AJENJO

Originaria de Europa e introducida en Estados Unidos, esta planta perenne crece en el borde de las carreteras y en los yermos.

En el antiguo Egipto y en la Grecia y Roma clásicas, el ajenjo era una planta medicinal muy conocida, usada para aliviar problemas digestivos y mejorar la vida sexual. Posteriormente, el famoso médico Galeno consideró el uso del vino aromatizado con ajenjo un fuerte emético (es decir, que provocaba el vómito): se pensaba que así se eliminaban los gusanos del estómago, haciendo honor a su nombre (en inglés, ajenjo es *wormwood*, 'madera de gusano').

Gradualmente sus usos se extendieron a la cocina, utilizándose en platos de cerdo y cordero o para dar sabor a los aburridos e insípidos nabos. Era una de las especias silvestres más populares en los países germánicos hasta que fue desplazada por otras incontables hierbas y especias introducidas por los monasterios.

Su fuerte olor ancló en la cabeza de muchos que ahuyentaba a los ratones y a las polillas, convirtiéndose en talismán protector de granjeros, escritores y bibliotecarios. Estos últimos mezclaban la tinta con ajenjo para proteger los manuscritos. En la Biblia se menciona en el Apocalipsis con un claro mensaje: «El tercer ángel tocó la trompeta y cayó del cielo una gran estrella, ardiendo como una antorcha, y cayó sobre las fuentes de las aguas. Y el nombre de la estrella es Ajenjo. Y la tercera parte de las aguas se convirtió en ajenjo; y muchos hombres murieron a causa de esas aguas, porque se hicieron amargas».

Aunque el ajenjo se utilizaba para aromatizar vino y cerveza, también servía —mezclado con miel— para enmascarar algún que otro veneno y eliminar sin dejar rastro a algún gobernante cruel, como ocurriera con el rey merovingio Chilperico.

A pesar de todo, el ajenjo siguió utilizándose en la destilación de bebidas alcohólicas con el método árabe aprendido y heredado por los cristianos y llevado al sur de Francia para mejorar el brandi. No se puede asegurar que su sabor amargo agradara, pero, dada la mala calidad de la cerveza y el vino, se utilizaban especias y hierbas fuertes para facilitar la ingesta de estas bebidas. Los escandinavos usaron el ajenjo, mientras que holandeses e ingleses se decantaron por las bayas de enebro.

En Francia se prefirió explotar los efectos narcóticos de una sustancia extraída de las hojas de ajenjo. El licor que se producía con ellas se llamó absenta por su nombre científico, *Artemisia absinthium*. La ingesta excesiva del Hada Verde (llamada así por su color esmeralda), provocaba locura y lesiones físicas, por lo que se prohibió su consumo a principios del siglo XX.

La absenta se hizo tremendamente popular en los medios literarios y artísticos de la Francia del siglo XIX, pero su perniciosa influencia también alcanzó al sometido y empobrecido proletariado. La absenta simbolizaba la decadencia en el arte y una peligrosa vía de escape para las clases más desfavorecidas.

Se cree que el movimiento antiabsentista, bajo el pretexto de los supuestos efectos alucinógenos que se imputaban a la tujona (aceite esencial liberado por el ajenjo), estuvo en realidad impulsado por los *lobbies* del vino, ya que el éxito de la absenta había hecho caer la demanda. En realidad, se ha demostrado que la tujona no causa alucinaciones y que los efectos de la absenta se deben a su elevado contenido alcohólico.

Otra bebida muy popular que contiene ajenjo es el vermú o vermut (del alemán *wermut*) de finales del siglo XVIII. Hoy en día el vermut es esencial en la cultura española del aperitivo y el tapeo. Se prepara con infinidad de hierbas y especias y, aunque existen muchas marcas comerciales, casi todas los coctelerías y bares maceran su propio vermut. Incluso algún que otro aprendiz de brujo tiene su propia versión casera de esta popular bebida, dulce en la boca y con notas amargas, que se suele servir con una rodaja de naranja y un chorrito de sifón.

ANÍS

El anís pertenece a la gran familia de las umbelíferas, como la alcaravea, el hinojo, el apio y el comino, así como las zanahorias comunes y las blancas.

En la antigua Roma, el anís era conocido por sus propiedades digestivas. Al terminar sus famosos festines de jirafa, ostras, camello y todo tipo de aves, se comía un trozo de *mustaceus*, un dulce hecho a base de anís y comino que se horneaba con hojas de laurel y que ayudaba a digerir semejantes atracones.

Autóctono de Oriente Próximo, el anís crece en todo el Mediterráneo, en México, en el norte de África y en Rusia. Se utiliza en repostería y en algunas recetas saladas, pero sobre todo se utiliza para producir licores, como el anisete italiano, los aguardientes españoles y latinoamericanos y el raki turco, el ouzo griego o el pastis francés.

En la cocina mexicana se utiliza para hacer mole poblano, entre otros platos. En la India, se utiliza en algunos curries, aunque se prefiere el hinojo para recetas saladas, tal como ocurre en Italia (su deliciosa porchetta lo lleva). En la cocina española, el anís —también llamado matalahúva o matalahúga— se usa a menudo en elaboraciones dulces, sobre todo en Navidad y Semana Santa, aunque algunas de estas recetas se consumen todo el año, como es el caso de las tortas de aceite. De desayuno y merienda, la torta de aceite andaluza ha pasado recientemente a utilizarse como base —a modo de pan tostado— para huevos revueltos o aguacate.

Dato curioso: las tortas de aceite de Castilleja de la Cuesta, en Sevilla, están protegidas por la denominación de origen de especialidad tradicional garantizada. La marca que actualmente posee la certificación de calidad debido al uso exclusivo de aceite de oliva extra virgen junto a la elaboración manual, que no ha cambiado a lo largo de cien años, es Inés Rosales. En 1910, una mujer de la localidad de Castilleja de la Cuesta, doña Inés Rosales, rescató esta receta tradicional y comenzó a comercializarlas por el Aljarafe sevillano hasta conseguir una popularidad que se extendió por todo el país.

Una de las características más interesantes del anís es su dulzor natural, que se le confiere un compuesto aromático llamado anetol. También está presente en el anís estrella, en el hinojo y en el regaliz, y es un gran aliado para tratar problemas digestivos, gases, mal aliento, dolor de huesos y afecciones respiratorias.

Las semillas de anís se pueden ingerir crudas o tostadas, solas y en un sinfín de recetas. También puedes preparar infusión de anís solo o con otras plantas carminativas, como la manzanilla o el regaliz.

Antes de echar semillas de anís en panes, donas o galletas, rómpelas un poco en un mortero para que liberen con más facilidad sus aromas y su dulzor.

MUSTACEUS ROMANO

Para 4 panecillos:
150 g de harina
2 cucharadas de manteca de cerdo.
½ cucharada de ricota
½ cucharadita de comino en grano
½ cucharadita de anís en grano
Hojas de laurel
1 cucharada de mosto

Mezclamos la harina con la manteca de cerdo, la ricota y las especias, salvo el laurel. Añadimos el mosto necesario para poder formar una bola.

Cortamos la masa en varios trozos y los aplastamos a modo de panquecitos de un centímetro de espesor. Ponemos 1-2 hojas de laurel encima de cada uno y los horneamos a temperatura media, dándoles la vuelta para que se cocinen por los dos lados.

El nombre de este pastel ha sobrevivido en varias recetas de galletas que se hacen en distintas regiones de Italia, como las *mostaccioli*. Curiosamente, el uso del mosto ha desaparecido de todas ellas a lo largo de los siglos.

SASAFRÁS

Se trata de un árbol autóctono de Estados Unidos, donde crece silvestre, especialmente a lo largo de la costa oeste.

De este árbol se aprovecha todo. Su aceite esencial —destilado de la corteza, las raíces y los frutos— se utiliza en perfumería y para hacer jabones, pero también como saborizante para dulces. Como medicina se usa como analgésico para aliviar la tos y la inflamación de los ojos, y como antiséptico para tratar problemas dentales. Con las raíces y la corteza se hace la famosa *root beer*, conocida también como zarzaparrilla o cerveza de raíz. Las hojas frescas se utilizan en ensaladas, pero secas sirven para hacer el polvo filé, utilizado como especia en la cocina criolla y cajún de Luisiana. Al contener mucílagos, se usa además como espesante, y es un ingrediente esencial en la preparación del gumbo. Este plato heredero de la cocina africana, española, francesa y nativa americana se prepara con distintas carnes, mariscos, okra (también llamada quimbombó) y polvo filé, que le confiere un sabor ligeramente cítrico y anisado, además de darle cuerpo.

Las autoridades sanitarias ya no permiten hacer *root beer* con las raíces de sasafrás, ya que contiene safrol, posible agente cancerígeno. Del mismo modo, la venta de esta planta está controlada por la DEA, pues su aceite se sintetiza de manera clandestina para obtener MDMA (éxtasis) y otras drogas.

Fuera de Estados Unidos es prácticamente imposible conseguir polvo filé. Si lo compras, hazlo en pequeñas cantidades porque su aroma y sabor se pierden fácilmente. Es mejor conservarlo en el refrigerador.

ANÍS ESTRELLA

Es probablemente la especia más bonita que existe. Encierra una larga historia de propiedades curativas y delicias gastronómicas, como la creencia popular de que el anís estrella es símbolo de riqueza y prosperidad, aunque también se ha visto envuelta en la polémica, llegando a prohibirse por resultar altamente tóxica. Desde hace ya algunos años, el anís estrella vuelve a lucir en las estanterías de herbolarios y comercios especializados, siendo más popular que nunca en cocina, coctelería y como remedio natural para los gases y mala digestión. Eso sí, quedamos advertidas: no es lo más recomendable para lactantes o embarazadas.

Esta estrella de ocho puntas que encierra unas semillas brillantes en realidad se llama badián o badiana, y es el fruto de un árbol originario de China, cuya gastronomía está claramente marcada por su sabor. El pato pequinés o las costillas asadas deben su sabor intenso y su sabor dulzón al anís estrella. Esta hermosa y deliciosa especia forma parte de la popular mezcla de cinco especias chinas y de los saquitos que se utilizan para hacer caldos y salsas.

También se utiliza en otras cocinas asiáticas, como la malaya, la vietnamita y la tailandesa, en sopas, curries y tés. En la India se utiliza en la cocina de Cachemira.

Hasta el siglo XVII hubo que esperar para que el anís estrella se abriera paso y llegara a Europa, donde hoy en día se utiliza para saborizar dulces, mermeladas, jarabes y cordiales.

Como mencionaba al principio, el anís estrella ha tenido que superar una brutal campaña de mala prensa e incluso una prohibición hasta recuperar su estatus.

Utilizado como remedio contra el cólico del lactante, ha dejado varios casos graves de intoxicación, ya que ha sido administrado a niños muy pequeños, sensibles a determinados componentes aunque procedan de un remedio natural. La naturaleza no es inocua y los remedios naturales, si no se saben preparar, pueden resultar muy dañinos. El otro obstáculo es que se parece mucho al anís estrella japonés, que es venenoso. Alguna partida adulterada con la variedad japonesa se debió colar y, por prevención, Sanidad retiró todo el anís estrella del mercado durante un tiempo, al menos en España. Aunque hoy en día se puede adquirir de manera segura, te doy la clave para distinguirlos: las estrellas del anís japonés tienen diez o más puntas, y en lugar de desprender un olor dulce agradable, como de regaliz, huelen a trementina.

El anís estrella se puede comprar entero, troceado o molido. Entero o troceado guardado en bote hermético se conserva varios años, mientras que molido solo uno. Es mejor comprarlo molido si vas a utilizarlo en repostería o si no tienes un molinillo de café. En general se vende entero. Estéticamente es más bonito, pero si vas a hacer saquitos o infusiones, el troceado es idóneo.

No es de extrañar que en algunas recetas te pidan que utilices solo dos o tres semillas en lugar de la estrella en sí, ya que es bastante intenso y en exceso puede robarles protagonismo a otros ingredientes. En salteados de verduras o de fideos se utiliza un cuarto de cucharadita, pero si se trata de un marinado para carne de pollo o costillas de cerdo se puede poner un poco más.

Para captar el sabor de la cocina china en recetas de carne, cocina dos o tres estrellas de anís con cebollas y salsa de soya. Los tres ingredientes juntos desprenderán un perfume y un sabor inconfundibles.

Otras recomendaciones del uso del anís estrella son sopas y guisados de larga cocción, pato asado, pays de manzana y ciruelas, puré de manzana y pescados al vapor. Se lleva especialmente bien con el jengibre.

EPAZOTE

El epazote es una hierba de sabor fuerte originaria de México y una de las señas de identidad de su cocina. También se encuentra en las zonas tropicales de América Central y del Sur, donde es común encontrarlo silvestre. Hoy, tanto su cultivo como su forma silvestre se encuentran en muchas más partes del mundo, como, por ejemplo, California y las islas Canarias.

En la cocina mexicana se utiliza por su sabor, pero también como preventivo contra la flatulencia, en especial cuando se cocinan frijoles. Es esencial en recetas de quesadillas y omelette con hongos silvestres, y también se utiliza con el maíz y en las salsas picantes.

En las islas Canarias, donde se le llama pasote, se utiliza en sopas, del mismo modo que la hierbabuena, y en los guisados, como si fuera orégano o tomillo. Se toma en forma de infusión para los dolores estomacales.

Es una hierba con múltiples propiedades que no solo calma el estómago, sino que también se utiliza para acabar con los parásitos intestinales. El origen de su nombre lo encontramos en los aztecas, en la palabra *epazotl*, del náhuatl *epatl* ('hierba fétida') y *tzotl* ('dulce'). Es precisamente su fuerte olor lo que la convierte también en un buen repelente contra los insectos.

El epazote o hierba santa llegó a Europa hacia finales del siglo XVI, se cree que de la mano del médico del rey Felipe II. En España, no es fácil encontrar epazote fresco, salvo en las islas Canarias. Sin embargo, sí se puede comprar seco. Aunque más suave, sigue conservando parte de su olor característico. Úsalo sin miedo en huevos revueltos, sopas, guisados de verduras y de carne y como eficaz tisana para los dolores de estómago.

Está contraindicado en el embarazo y en casos de insuficiencia renal.

Hisopo

Eucalipto

HISOPO

Se trata de una planta originaria del sur de Europa y de Oriente Medio, pero se da en otras zonas más septentrionales, de suelos ligeros y soleados.

Su aroma perfumado y ligeramente amargo aligera los platos de carne y pescados grasos, y además ayuda a la digestión. También se utiliza en la elaboración de salchichas o rellenos, y fresco en ensaladas o purés de frutas. Sus flores se utilizan para aromatizar algunos licores, como el Chartreuse.

En Oriente Medio se lo conoce como za'atar, que es el mismo nombre que recibe la popular mezcla de especias utilizada con el pan con aceite, ensaladas de verduras, carnes asadas, etc., y que lleva hisopo como ingrediente, junto al zumaque y el ajonjolí. No obstante, esta mezcla también se prepara con otras hierbas como la hierbabuena, el tomillo, la mejorana o el orégano.

El hisopo contiene aceites esenciales muy beneficiosos para la salud. Es muy útil en el tratamiento contra la tos, el asma y los catarros. También ayuda con problemas digestivos.

El aceite esencial es antiséptico y curativo, y la planta entera se utilizaba antiguamente esparcida por los suelos para la purificación ritual de los templos. De hecho, en el Antiguo Testamento se afirma: «Purifícame con hisopo y quedaré limpio». En otros textos religiosos, como el Tanaj hebraico, también se menciona.

En la liturgia religiosa, el hisopo es un mango que en su extremo cuenta con un manojo de cuerdas o una bola metálica hueca y agujereada, que sirve para esparcir agua bendita. Cabe pensar que en su origen el agua bendita se esparcía con matas de hisopo.

EUCALIPTO

El eucalipto no es una planta que suele verse en los libros de cocina. Oriunda de Australia, donde es símbolo nacional, y se extendió por todo el mundo desde que se diera a conocer a finales del siglo XVIII. Los botanistas, totalmente fascinados con el imponente árbol, se deleitaron con su elegancia y su agradable olor, casi medicinal. Era exótico y crecía más deprisa y más alto que cualquier otro árbol.

Las bondades medicinales del eucalipto son bien conocidas. Sus hojas infusionadas en agua caliente sirven de alivio para la tos y los catarros a través de la inhalación de sus vapores. Su aceite esencial es un antiséptico y un desinfectante eficaz. Se utiliza para la bronquitis y el asma, y disuelto en agua caliente se usa como gargarismo, para aliviar el malestar de garganta. También se añade a suplementos vitamínicos, porque favorece la absorción de la vitamina C, y a perfumes, a los que confiere notas alimonadas y de mentol.

El eucalipto es uno de los árboles más abundantes del mundo, y su explotación y valor económico es tal que ha terminado por ser un problema para el medioambiente, ya que requiere de grandes cantidades de agua y erosiona el suelo, impidiendo otros cultivos. Su cultivo masivo ha hecho desaparecer el bosque nativo en varios países. No deja de sorprender que una planta con tantas propiedades tenga un impacto tan negativo.

Su utilización en cocina es escasa, pero cabe mencionar el uso de sus hojas para ahumar pescados o su infusión para aromatizar carnes y salsas. También se hacen aceites aromatizados y licores, pero probablemente el elemento comestible más conocido hecho con eucalipto sean los caramelos. Desde hace décadas forma parte del universo dulce que nos acompaña, sobre todo en invierno, perdido en un bolsillo o todavía mejor en el bolso para aliviarnos con su sabor balsámico.

ACEITE AROMATIZADO DE EUCALIPTO, LIMONCILLO Y ANÍS ESTRELLA

200 ml de aceite de oliva calentado a 65 °C
Un puñado de hojas de eucalipto secas
1 tallo picado de limoncillo
1 anís estrella

Cuando el aceite alcance los 65 °C, apartamos del fuego y añadimos el resto de los ingredientes. Dejamos infusionar todo 30 minutos y lo colamos Podremos utilizarlo para carnes, pescados y ensaladas.

El aceite esencial de eucalipto no debe utilizarse en cocina, ya que es de uso exclusivamente medicinal.

FENOGRECO EN HOJAS Y SEMILLAS

Conocido por los botánicos como *Trigonella foenum-graecum*, el fenogreco es una planta con flores amarillas y blancas pariente del chícharo, cuyas hojas recuerdan un poco a las del trébol. Su nombre científico significa «heno griego», pues sirvió en la Antigüedad como alimento para el ganado.

Aunque es originaria del Mediterráneo, hoy en día crece en todo el mundo, en Asia, Oriente Medio, Sudamérica, Europa y China. Como especia no culinaria se utilizó en el antiguo Egipto como incienso y para embalsamar en el proceso de momificación. Además, era considerada una especia medicinal indicada para diversas dolencias, que

iban desde la calvicie hasta la peligrosa diabetes. Durante siglos, las madres lactantes tomaron las semillas de fenogreco para que les subiera la leche, con el único efecto secundario de desprender a través de los dedos de sus manos un aroma dulce. Quizás se debiera a que el fenogreco desprende un aroma a jarabe de arce. De hecho, se utilizan semillas de fenogreco en la elaboración artificial de este apreciado jarabe.

Entre sus memorables propiedades también están las digestivas. Las semillas se ponen a remojar antes de tomarlas. Estas desarrollan una capa gelatinosa (mucílago) que facilita la digestión y ayuda tanto contra el estreñimiento como contra la diarrea. Sirve para combatir alergias y problemas respiratorios, y como afrodisiaco y supuesto estimulador del crecimiento del pecho en las mujeres.

Esta planta poderosa resulta aún más interesante en cocina. Como especia culinaria es habitual en varias gastronomías del mundo. En la India se tuesta o se fríe antes de añadirla a los curries de pescado o de papa. Si no se tiene asafétida a la mano, también se añade a los platos de legumbres difíciles de digerir.

En Oriente Medio, las semillas se ponen a remojar toda la noche en agua fría y se mezclan con otras especias para hacer hilbeh, una pasta especiada para condimentar diversos platos. Las semillas también se utilizan para aromatizar una pasta dulce llamada halva.

En Yemen forma parte de la mezcla sjug, la cual sirve para aromatizar diversos guisados, y en Armenia se mezcla con ajo y chile de árbol para hacer chemen y condimentar la carne de ternera. Los griegos cuecen las semillas y las comen con miel.

Las semillas de fenogreco son duras, de color amarillo oscuro y tienen una hendidura en uno de sus lados. No se deben comer crudas porque son excesivamente duras. Enteras duran varios años, mientras que molidas pierden su aroma rápidamente, porque sus aceites esenciales se disipan con mucha facilidad. Si están molidas, puedes guardarlas en el refrigerador para que se conserven mejor. Una vez cocinadas pierden el amargor y su sabor adquiere notas de frutos secos y jarabe de maple. Además, la semilla se vuelve más tierna y fácil de moler. Como ya mencionamos, también se pueden poner a remojar para reblandecerlas. Cuando utilices las semillas, hazlo con precaución: están muy ricas, pero su sabor es intenso. Utilízalas en salteados de verduras, guisados, masa de galletas, pan tostado y mezcladas con mostaza, así como machacadas para añadir una nota crujiente a tus ensaladas.

Existe otra variedad de fenogreco, el azul (también llamada meliloto azul), que se usa en toda Europa central, similar al común pero algo más suave.

Las hojas de fenogreco se consumen en la India frescas, como si fueran espinacas. Secas se pulverizan en masas y se añaden a platos de pescado, de panir (requesón indio), de papas y de legumbres. Su sabor es una mezcla de apio e hinojo con un toque ligeramente amargo. En la India, las hojas secas se mezclan con lima seca para hacer el ghormeh sabzi, una salsa espesa de verduras.

Las hojas de fenogreco azul se usan en la popular mezcla de Georgia khmeli suneli. Esta mezcla de intenso aroma a especias tostadas y hierbas se utiliza en todo tipo de guisados.

En Suiza se prepara con sus hojas el sapsago, un queso de sabor único y de color verde pálido.

Tanto en semillas como hojas, esta especia es una gran aliada en la cocina. Tus platos serán más sabrosos y más saludables gracias a ella.

TERNERA AROMÁTICA PERSA

Para 4 personas:

3 cucharadas de aceite
1 cebolla grande picada
450 g de ternera
1 cucharada de hojas de fenogreco
2 cucharaditas de cúrcuma o unas hebras de azafrán remojadas (agua incluida)
½ cucharadita de casia molida
600 ml de agua
Un puñado de perejil fresco
2 cucharadas de cebollín fresco
El jugo de 1 limón
Sal y pimienta

Doramos las cebollas. Salteamos la ternera. Añadimos el fenogreco, la cúrcuma y la casia Luego, echamos el agua y cocinamos con la olla tapada durante 45 minutos.

Salteamos aparte el perejil con el cebollín, sin quemarlo.

Cuando hayan pasado los 45 minutos, agregamos a la olla las hierbas, el jugo de limón, la sal y la pimienta, y lo cocinamos todo 30 minutos más.

Servimos con arroz al vapor.

LIMA SECA

También conocida como loomis o limón negro, es originaria de Omán, Irán e Irak, y un importante ingrediente de la cocina de Oriente Medio, especialmente de la persa. Se obtiene a partir de limas o limones que se hierven en agua y se dejan fermentar y secar al sol hasta que se oscurecen y se vuelven duros. Estas limas confieren a los platos notas ácidas, como la de los limones frescos, pero aportan el dulzor sutil que las caracteriza.

Se utilizan enteras, en rodajas o molidas. También se pueden adquirir sin piel, en cuyo caso son más suaves, ya que pierden el ligero amargor de la lima entera. Se pueden encontrar limas secas de color claro, de un amarillo cremoso. Estas han estado menos tiempo al sol y son más suaves. Cuando se utilizan enteras, se pican con un tenedor para facilitar la entrada de líquidos, ya sea en sopas o en pescados asados. Una vez blandas, se pueden triturar y devolver a la preparación para aportar acidez y el intenso perfume que desprenden.

Aunque al tacto resulten duras, al estar huecas en su totalidad —porque han perdido toda el agua de su interior— son muy fáciles de moler y de mezclar con sal u otras especias.

Con una lima simplemente cortada o rota con las manos podemos preparar una deliciosa y fragante infusión para acompañar platos o finalizar una sobremesa con algún dulce de miel y frutos secos.

TRÉBOL DE OLOR AMARILLO

El trébol dulce o trébol de olor amarillo es una planta de la familia de las leguminosas y se cultiva como forraje o como planta melífera, además de utilizarse en la cocina como condimento. Es originaria de Europa y Asia. Hoy en día también se utiliza trébol de olor amarillo en el norte de América, en África y en Australia.

Posee un olor intenso y dulce que se intensifica con el secado de la planta. Este dulzor se debe a su alto contenido en cumarina, componente que se encuentra también en el haba tonka y la canela.

Antes de la floración, las hojas frescas se pueden añadir a las ensaladas, pero es poco probable que las encuentres en las tiendas. Hay más posibilidad de comprar las semillas secas o la planta seca, que tendrá una apariencia como de rastrojos o hierba seca de color claro.

A pesar de su aspecto nada atractivo podrás preparar una deliciosa infusión con aromas parecidos a la vainilla y a la almendra amarga. Sin embargo, lo más interesante es preparar esta infusión en leche y luego utilizarla para hacer flanes o natillas.

También puedes infusionar la planta en crema para hacer postres o en vodka para hacer un extracto aromático para cocteles.

Si haces una mantequilla aromática con trébol de olor amarillo puedes utilizarla para carnes a la plancha o camotes asados. Su aroma, parecido al de la vainilla, les dará un toque muy especial y sorprendente.

PIMIENTA GORDA

Aunque no es un miembro de la familia de la pimienta negra ni pica como tal, la pimienta gorda juega un papel muy importante en las primeras incursiones de los españoles en el continente americano y la India en su búsqueda de la pimienta negra.

Según la historia, Colón buscaba una ruta alternativa hacia las islas indias de las especias, pero en su camino se topó con el continente americano. En las costas de lo que sería luego Cuba, Colón les enseñó un puñado de granos de pimienta negra a los nativos y ellos señalaron un gran árbol, el árbol de la pimienta gorda. De mayor tamaño pero de apariencia similar, recibió el nombre de pimienta de la misma forma que todos los nativos recibieron el nombre de indios sin tener en cuenta etnias o divisiones territoriales.

El naturalista inglés John Ray, en el siglo XVII, optó por llamarla *allspice* como reflejo de su complejidad aromática, una mezcla entre clavo, canela, nuez moscada, jengibre y pimienta negra. También se le conoce como pimienta de Jamaica, madre clavo, pimienta inglesa o guayabita.

Su similitud en cuanto aroma con el clavo es clara, ya que comparte un aceite esencial de olor intenso y con propiedades anestésicas llamado eugenol.

A la hora de identificarla en un plato es la gran olvidada, debido a que su similitud con el clavo es tan obvia que a veces ni siquiera mencionamos otros matices de la especia. Para colmo de confusiones, *allspice* es a veces confundido con la mezcla *mixed spice* de la que forma parte junto con otras especias para hornear dulces, como el pay de zanahoria o las galletas de jengibre.

La pimienta gorda crece casi exclusivamente en el hemisferio occidental, pero es en Jamaica donde crece y se cultiva la de mayor calidad, formando por ende parte indiscutible de su gastronomía. A las plantaciones de esta pimienta se les llamaba tradicionalmente *walk* ('paseos'), pues era toda una experiencia para los sentidos atravesarlas caminando cuando los árboles estaban en flor y soplaba una suave brisa. De sus ramas se desprendía un intenso perfume que lo embriagaba todo a su alrededor.

Hace más de cien años las plantaciones de esta preciada especia se vieron amenazadas por una peculiar moda, sobre todo en Estados Unidos y en Inglaterra: salir a caminar con bastones o sombrillas hechas con las ramas jóvenes del aromático árbol (*Pimenta dioica*). Afortunadamente, las autoridades pertinentes prohibieron la tala masiva hacia 1882.

La pimienta gorda ya era utilizada por los aztecas junto con la vainilla para aromatizar el chocolate. Los mayas, por su parte, la utilizaban para embalsamar cadáveres.

El eugenol y otros muchos componentes son los que hacen que esta especia tenga formidables propiedades medicinales antivíricas y antibacterianas, analgésicas, anes-

tésicas y digestivas. Los jamaicanos fueron los primeros en utilizarla como remedio natural para los resfriados, el dolor de estómago, regular la menstruación y aliviar las indigestiones y los gases.

Se dice que durante la invasión napoleónica en el invierno de 1812, los soldados rusos ponían granos de pimienta gorda en sus botas para incrementar el riego sanguíneo y así conservar el calor. Además, sus propiedades fungicidas protegen contra el pie de atleta y su aceite esencial es un eficaz antiinflamatorio y analgésico para la artritis reumatoide.

Sus usos culinarios son muchos y variados, utilizándose para crear desde bebidas hasta salsas, pasando por chicles y dulces. La encontramos en licores como el Bénédictine y Chartreuse, y también en el ron y en el pimento dram, una bebida jamaicana que se hace con las hojas.

No es el único uso que tiene en Jamaica. Es uno de los ingredientes claves en la mezcla jerk para asar carne, y también se usaba para conservar carnes y pescados antes de que Colón la llevara a España, donde se usa principalmente en escabeches. En Marruecos se usa en los tajines, guisados de cocción lenta hechos con unos recipientes de barro que llevan el mismo nombre, y en Oriente Medio es un ingrediente clave en el kibbe, hecho con bulgur y carne molida. En México continúan la tradición de aromatizar el chocolate con pimienta gorda, como hicieron sus ancestros, y forma parte del recado rojo, condimento ampliamente utilizado en Puerto Rico y en Yucatán.

En Estados Unidos se utiliza más en repostería, para darle el toque distintivo al pastel de calabaza. No obstante, la encontramos también en la cátsup y en el chili con carne de Cincinnati.

En Europa es popular para hacer salchichas (Alemania) y como parte del *quatre-épices* francés, así como para conservar el arenque en los países escandinavos y en pays de frutas y conservas ingleses.

El origen del jerk que mencionaba antes lo encontramos en los cimarrones, esclavos negros que escaparon de sus amos y se refugiaron en las montañas de varias islas del Caribe, y que en muchos casos terminaron por convertirse en piratas. Para sobrevivir, estos esclavos refugiados se veían en la necesidad de dominar la naturaleza y convivir con las tribus locales. Al igual que los bucaneros, vivían en bosques, se alimentaban de bayas y raíces y cazaban cerdos salvajes; también inventaron su propia manera de ahumar y conservar la carne. Descubrieron accidentalmente que el carbón de cierta madera producía sal, y la combinaron con los granos de pimienta gorda y con los chiles. La carne untada con esta mezcla y después ahumada podía conservarse periodos muy largos. La técnica del jerk no tardaría en expandirse, y esta mezcla de especias se haría cada vez más y más compleja, hasta alcanzar la receta actual: jengibre, tomillo, ajo, cebolla, chalotas, pimienta gorda, chiles y sal.

Cuando querían degustar la carne fresca, los cimarrones tenían una técnica propia para guisarla: tras frotarla con sal, chile y pimienta gorda, envolvían el cerdo con hojas de árbol de pimienta gorda y, a su vez, en hojas de plátano. Colocaban estos paquetes en un agujero en el suelo y los cubrían con brasas y tierra. Después de unas tres horas, la carne se impregnaba del perfume del ahumado y de las hojas. Luego se sacaba y se terminaba en las brasas.

A falta de brasas, bueno es el horno. Aquí tienes una mezcla de jerk que puedes variar al gusto en lo que a chile se refiere. La más clásica se hace con chile habanero o con *scotch bonet*, pero si te resultan demasiado picantes puedes optar por un chipotle, con su sabor ahumado característico, o simplemente por un poco de pimienta cayena molida.

JERK DE CARNE

Para 4 personas (si se acompaña de arroz):

1 kg de chuletas o costillas de cerdo, o alas y muslos de pollo
3 chiles habaneros frescos o secos
3 dientes de ajo
1 cucharada de tomillo
1 cucharadita de canela
½ cucharadita de nuez moscada rallada
2 cucharadas de pimienta gorda
¼ de cucharadita de clavo molido
15 cl de vinagre de manzana
El jugo de un limón o una lima
1 cucharada de ron línea nueva
1 cucharadita de azúcar moreno

Tras triturarlo todo junto (menos la carne elegida), frotamos la carne con esta mezcla y dejamos marinar al menos 3 horas. Después, cocinamos en el horno a 180 °C. El tiempo dependerá de la carne elegida.

Podemos acompañarla con arroz y papas o camotes asados.

La pimienta gorda es una gran aliada en tu cocina. Es una de las especias más versátiles que existen, ya que puedes utilizarla tanto en platos salados como dulces. Allá donde uses nuez moscada y clavo puedes añadir pimienta gorda. Es menos invasiva que el clavo y, por lo tanto, es más difícil pasarse al echarla en estofados de carne de larga cocción. Les da un toque muy rico a los purés de frutas, especialmente al de manzana. Si a este no le añades azúcar, tendrás una salsa perfecta para acompañar carne de cerdo. Para el pato asado haz lo mismo pero con ciruelas. No falla.

Siempre es recomendable comprar esta especia entera y molerla en el momento. Mejor en mortero, pues los molinillos a veces no atrapan los granos por ser de mayor tamaño que otras pimientas. Como es hueca, no te costará molerla.

Cómprala molida si tienes pensado hornear algún pastel de fruta o si quieres aromatizar chocolate sin encontrarte ningún trocito, pero procura gastarla pronto, ya que su aroma se pierde en unos meses. Si no sabes qué hacer con el sobrante de pimienta gorda molida, prepara quatre-épices, que es una mezcla de sabor intenso que podrás utilizar con platos de carne, verduras asadas o salteadas, salchichas y rellenos.

WASABI

Al igual que el horseradish, la mostaza y la col, el wasabi pertenece a la gran familia de las crucíferas. Es originaria de Japón pero también del este de Siberia. La parte picante es el rizoma, como en el caso del jengibre, y su picor se debe a los isotiocianatos que se desprenden al rallarlo fresco o al mezclarlo con agua en el caso del wasabi en polvo.

Como planta nativa de Japón se cultiva desde el siglo x, pero su cultivo dista mucho de ser fácil. Su necesidad constante de agua ha llevado a los agricultores de wasabi a plantarlo en los arroyos donde el agua de manantial discurre a unos trece grados y lo baña de manera uniforme. La temperatura y la luz también son factores muy importantes y no es raro ver las plantaciones cubiertas con toldos para controlar la luz que incide sobre sus cultivos.

La recolección de wasabi suele tener lugar en primavera, una vez que la planta ha desarrollado un nuevo conjunto de hojas de un verde brillante. Los rizomas cosechados tras quitarle las raíces se asemejan a una piña alargada y nudosa. Los rizomas frescos se venden en Japón en cubetas de agua y hielo. Si tienes la suerte de conseguir en este lado del mundo (probablemente congelado) rizoma de wasabi, quita los bordes oscuros y cepíllalo antes de rallarlo. Tradicionalmente se hace con un rallador hecho con piel de tiburón (*oroshigane*), con el que el rizoma se transforma en una pasta fina y de color verde pálido. De no tenerlo se recomienda usar uno de cerámica con los dientes muy finos. Una vez rallado se deja reposar a temperatura ambiente unos 5 minutos para que sus matices se desarrollen. No obstante, hay que consumirlo en los próximos 20 minutos, pues toda su fuerza y todo su picor se disipan tras este tiempo.

No es de extrañar que sea mucho más fácil conseguir falso wasabi. Su precio —más asequible— y el gusto por el picante le han asegurado un puesto tanto a la pasta como al polvo de wasabi. Ambos llevan un porcentaje casi insignificante de este y sí mucho

horseradish, mostaza y con suerte espirulina como colorante. El verde pálido del verdadero wasabi queda eclipsado a veces por pastas de un verde chillón casi fluorescente.

Si lo compras molido, mezcla una cucharadita con otra de agua para formar una pasta. Deja reposar 10 minutos, y luego mézclala con salsa de soya para el sushi y el sashimi, con mayonesa para acompañar pescado frito o untar en un sándwich de jamón asado o con yogur para preparar una deliciosa ensalada de papa, huevo duro y camarones cocidos.

Si tienes ocasión de probar ambos wasabis, podrás comprobar que el verdadero es más dulce y deja un sabor más agradable en boca, aunque no tenga la fuerza del falso, que al tocar la lengua viaja a la velocidad de la luz hacia nuestra nariz, despejando las fosas nasales y haciéndonos llorar incluso. Además, el picante desaparece, no como en el caso de los chiles.

En las tiendas asiáticas también se pueden adquirir las hojas, tallos y flores en conserva en una mezcla de sake, mirin y azúcar.

Desde el punto de vista nutricional, el wasabi —el verdadero— tiene un alto contenido en potasio, calcio y vitamina C, pero más interesante aún es su contenido en isotiocianatos, objeto de estudio en la lucha contra el cáncer. También tiene propiedades antibacterianas y acompaña al pescado crudo para evitar intoxicaciones.

El wasabi, más allá de vinagretas, aderezo y salsas, se puede utilizar como condimento en coctelería, por ejemplo en el Bloody Mary, como sustituto de la mostaza o para hacer helados y nieves, los cuales son ideales para acompañar finísimas rebanadas de pescado o de pulpo.

SALSA DE WASABI Y ALCAPARRAS

Para 4 personas:

1 cucharada de wasabi en polvo
1 cucharadita de aceite de girasol
1 cucharadita de cebolla cambray muy picada
1 cucharadita de escalonias muy picadas
2 cucharadas de vinagre de arroz
Unas gotas de aceite de ajonjolí (del oscuro)
100 ml de crema para batir
Sal al gusto
1 cucharada de alcaparras (si son de las que están en sal, hay que dejarlas remojar antes de usarlas)

Mezclamos el wasabi con una cucharada de agua templada. Dejamos reposar la pasta resultante unos 5 minutos.

En un sartén, calentamos el aceite y salteamos la cebolla cambray y las escalonias hasta que estén blandas. Agregamos el aceite de ajonjolí y el vinagre de arroz. Cocemos todo un par de minutos. Incorporamos la crema y un poco de sal. Removemos bien y cocinamos a fuego alto hasta que la salsa se espese.

Retiramos del fuego y mezclamos con el wasabi y las alcaparras.

SHISO, KATSUOBUSHI Y UMEBOSHI

El shiso o albahaca japonesa (*Perilla frutescens* variación *crispa*) es una planta emparentada con la menta que crece en Japón, China, Myanmar, estribaciones del Himalaya y Corea. En Japón, donde su uso es muy habitual, se cultivan dos variedades: la verde y la púrpura. La verde es la más común. La púrpura, aunque también comestible, tiene un sabor más astringente y deja en la boca un sabor amargo. Debido a su intenso color se utiliza para teñir alimentos, como es el caso del umeboshi (ciruela en conserva) o el jengibre rosa pálido que acompaña al sushi, beni shoga. También se hace una bebida con el extracto de las hojas, así como un jarabe a base de vinagre y azúcar que luego se mezcla con agua, gas y hielo.

Las hojas de shiso son algo más que un adorno o algo para separar distintos bocados (las hojas dentadas de plástico de las bandejas de sushi pretenden emular las hojas de shiso). Forman parte del plato. Esta hierba queda especialmente bien con pescado crudo graso, como el salmón o el atún. Se envuelven con el shiso los trozos de pescado (sashimi) y se mojan en salsa de soya antes de degustarlos.

También se usa como complemento de verduras y frutas. Se añade a las ensaladas, se fríe en tempura y se preparan con él granitas y cocteles. Además, sirve de envoltorio para los mochis, dulces de arroz glutinoso que se rellenan de purés de frutas, pastas de frutos secos o helado.

Las hojas secas se pulverizan y se utilizan para aderezar arroces, omelettes, sopas, etc. Su sabor es fresco, alimonado, con toques de canela, clavo y menta, con cierta astringencia o algo de amargor. Las semillas también se consumen como ingrediente crujiente en las ensaladas o se muelen y se usan como especia.

Fuera de Japón, las semillas molidas se usan en Corea y también sus hojas fermentadas en el kimchi. En Vietnam constituyen una guarnición aromática para las sopas de fideos o los rollitos.

Las hojas de shiso se suelen consumir frescas. Para que aguanten unos días en el refrigerador tienes que envolverlas en una servitoalla húmeda. Las congeladas sirven

para dar sabor pero no para terminar platos, pues al descongelarse estarán marchitas y tendrán un color muy oscuro. Secas se consumen como cualquier otra hierba de olor.

El yukari de shiso es uno de los muchos furikakes que existen. Furikake viene del verbo *furikakeru*, que significa «espolvorear». Se trata de un condimento hecho a base de ingredientes deshidratados y molidos, aunque algunos contienen trocitos de algas o granos de ajonjolí. Este yukari está hecho a base de shiso morado, sal y vinagre de ciruela umeboshi, y se puede utilizar para aderezar platos de arroz al vapor, sopas o ensaladas.

El umeboshi (ciruela seca) es una ciruela en conserva. Esta ciruela proviene del *Prunus mume*, un árbol de origen chino que fue llevado a Japón y a Corea, aunque en realidad tiene un mayor parentesco con el chabacano. El *ume* ('ciruela') se utiliza en la cocina china, japonesa, coreana y vietnamita no solo por su valor culinario, sino también por sus propiedades medicinales.

El umeboshi es esta ciruela pero en conserva en una mezcla de sal y shiso morado que le aporta notas aromáticas y un bonito color rosado tras un proceso de fermentación prolongado. Las ciruelas se recolectan cuando aún no están maduras, se secan al sol varios días y se salan en barriles con sal marina y hoja de shiso morada. Se les coloca un peso encima y permanecen así durante al menos dos años. Este dilatado proceso le confiere un elevado contenido en ácido cítrico, fosfórico, hierro y calcio. Por lo general, se usa en pequeñas cantidades para aportar sabor, sobre todo en guarniciones y platos de arroz. Se puede agregar entero, picado o en puré.

Algunos de los beneficios que se le atribuyen al umeboshi son que reduce la acidez de estómago, acelera los procesos intestinales, actúa como laxante, limpia el hígado, combate el cansancio y la fatiga y mitiga la náusea de forma eficaz.

El umeboshi combina especialmente bien con el pescado y con las verduras. Se utiliza para hacer oniguiris y makis, pero también lo podemos utilizar para condimentar fideos o como ingrediente en vinagretas. Otra opción es preparar un té bancha o kukicha infusionando el umeboshi en él durante unos minutos; pasado este tiempo, retíralo.

Por último, el katsuobushi es uno de los condimentos japoneses más interesantes para potenciar el sabor de los platos. Se trata de katsuobushi ahumado y fermentado que se corta en finas virutas. Se usa junto con otros ingredientes para preparar dashi, un caldo que es la base de muchas sopas (ramen, por ejemplo) y salsas japonesas. Otros platos japoneses en los que se utiliza son los takoyakis, unas bolas de pulpo fritas, y los okonomiyakis, una masa de varios ingredientes cocinados a la plancha. El katsuobushi también se puede utilizar para adornar ensaladas, omelettes, fideos y arroces. Cuando se añade a un plato caliente, el vapor tiene el efecto de hacer que las virutas se muevan como si bailaran. Añade un puñado de virutas a la masa de las croquetas, o utilízalas para preparar una sabrosa vinagreta para verduras a la plancha o como ingrediente de una ensalada de papas. Combina especialmente bien con el jengibre, la cebolla cambray, el cilantro fresco y el ajo, y es ideal para potenciar el sabor de caldos para sopa o para arroces de pescado o mariscos. Es común encontrarlo entre los ingredientes de un furikake junto a algas y ajonjolí.

LIMONCILLO

El *Cymbopogon citratus*, también conocido como limoncillo, hierba limón, limonaria y caña santa, entre otros nombres, es una planta aromática tremendamente perfumada y versátil que ha marcado distintas gastronomías a lo largo de los siglos. Se ha convertido en un ingrediente indispensable en la cocina de países como Tailandia, Vietnam y la India. También tuvo y tiene un papel muy importante en la medicina tradicional de varias regiones de Asia. Es un eficaz bactericida y combate el insomnio. En la medicina ayurvédica se cree que purifica el organismo, contribuyendo a un mejor funcionamiento del sistema digestivo y la eliminación de toxinas.

Esta hierba perenne se caracteriza por sus largas hojas verdes y un aroma que recuerda al limón. Su origen se encuentra en las regiones tropicales y subtropicales de Asia, con una presencia significativa en Sri Lanka y en el sur de la India. Desde estos lugares se fue diseminando a lo largo de los siglos a otras partes del mundo, incluyendo África y América. A menudo, el limoncillo se confunde con la citronela, cuyo aceite esencial se usa principalmente en la confección de velas para espantar a los mosquitos. La citronela proviene de otras variedades de limoncillo que no son comestibles, pero en algunos países como Francia se utiliza la palabra «citronela» para referirse a ambas plantas, tanto las comestibles como las que no lo son.

Al haberse convertido en un ingrediente bastante popular fuera de su lugar de origen, es relativamente fácil encontrarlo fresco, aunque desprovisto de sus largas y afiladas hojas, que pueden cortar como el papel. También lo encontramos congelado; y las hojas suelen hallarse secas y cortadas, destinadas sobre todo para hacer infusiones. En algunos países asiáticos donde crece esta aromática planta, se recolectan los tallos con sus hojas. Estas se retuercen y se enrollan alrededor de los tallos formando un ramito para echar sobre todo en las sopas. En algunas tiendas especializadas se puede encontrar limoncillo molido, pero este pierde así casi la totalidad de su perfume fresco y alimonado, por lo que solo será útil para alguna sopa o salsa y el resultado distará mucho del uso de la planta fresca.

El limoncillo se usa ampliamente en las cocinas de Tailandia y Vietnam como ingrediente superaromático de curries y sopas. También en los potentes sambales y en fragantes ensaladas de ternera.

Su fuerte sabor te permitirá utilizarlo en preparaciones de larga cocción sin que pierda el sabor. Puedes cortar los tallos en finas rodajas y añadirlas a la preparación, o cortar trozos más grandes que machacarás con el mango del cuchillo para que liberen todos sus aceites esenciales. Estos se retiran luego. Las rodajas se pueden comer si no están demasiado leñosas.

Los tallos enteros pueden servirte para ensartar trozos de pescado o como soporte para carne molida de pollo. También puedes ponerlos en bebidas para darles un toque decorativo.

Para realizar pastas de curry, pica bien los tallos y tritúralos junto al resto de los ingredientes que te indique la receta (suele ser jengibre, ajo, escalonias).

Si vas a hacer brochetas de carne a la parrilla, utiliza como marinado dos tallos de limoncillo picados triturados junto a un trozo de jengibre como un pulgar, un diente de ajo y una cucharada de semillas de cilantro. A la mezcla añade dos cucharadas de azúcar moreno y tres cucharadas de salsa de pescado.

El limoncillo combina bien con el jengibre, la galanga, el cilantro y los chiles de árbol, con las que comparte infinitas recetas. Además de los platos salados, podemos

utilizarlo para hacer jarabes, aromatizar crema para hacer panna cotta o como aromatizante en una mermelada de cítricos u otras frutas.

En las islas Canarias, el limoncillo recibe el nombre de caña santa. Se utiliza sobre todo por sus propiedades calmantes y digestivas en infusión, y no como ingrediente culinario.

Una leyenda malaya dice que si logramos encontrar una flor de limoncillo, bajo la planta encontraremos un tesoro. Lo malo es que rara vez florece fuera de su hábitat natural.

ORÉGANO

El orégano es una hierba autóctona de los países mediterráneos, con hojas rizadas de sabor muy intenso e inconfundible.

Cuando pensamos en el orégano, enseguida lo asociamos a la cocina italiana, especialmente a la pizza, a la lasaña y al pan de ajo. Si pensamos de manera local, en la gastronomía española, el orégano se asocia al cazón en adobo y a los escabeches tanto

de carne como de pescado. En otros países, como Turquía y Grecia, el orégano no solo se produce y explota, sino que se utiliza también profusamente en su gastronomía. En realidad podríamos afirmar que el orégano es una de las hierbas de olor más utilizadas y más conocidas del mundo. Ha traspasado fronteras e invadido más de un jardín con su benévola presencia, ya que su cultivo es fácil y agradecido.

La intensidad de cada orégano depende de donde haya crecido, siendo el más fuerte el de Turquía y el que se importa en mayor cantidad junto con el griego a otros países como Estados Unidos. En España, la variedad silvestre es la más apreciada, pero su venta está controlada e incluso prohibida en varias comunidades.

Al contrario de lo que ocurre con otras hierbas como la albahaca, el orégano seco es de sabor y olor más intensos, y así se prefiere tanto en las cocinas de los restaurantes como de las casas. De utilizarlo fresco es mejor triturarlo entre los dedos antes de echarlo a la comida.

Desde tiempos remotos, al orégano —cuyo nombre significa «planta que alegra el monte»— se le han atribuido grandes propiedades medicinales, que estudios hoy vigentes corroboran. Se le puede considerar una panacea (bueno para todo), que sirve contra úlceras estomacales, infecciones, intoxicaciones alimentarias, dolores musculares y tos.

Sería importante señalar que lo que se conoce como orégano mexicano no es realmente orégano. Ni siquiera pertenece a la misma familia. Seco se le asemeja mucho en apariencia, aunque su sabor es más intenso.

El orégano representa lo bueno y lo fácil. En la antigua Grecia se coronaba a los novios con orégano (también con mejorana) y se plantaba en los cementerios para asegurar una vida fácil en el otro mundo.

A veces orégano y mejorana se confunden y aparecen juntos en algunas recetas, pero no son intercambiables. El orégano deja una marca distintiva en cualquier plato que lo contenga: sin él no sería lo mismo. Es realmente fácil de utilizar, ya que se puede poner prácticamente en todo. Combina especialmente bien con el jitomate y con otros alimentos de sabor fuerte. No obstante, no hay que utilizarlo en grandes cantidades, sino esperar a que desarrolle todos sus matices en caso de cocciones largas. Funciona bien en adobos de pescado y escabeche, platos de carne marinada y asada, panes, galletas saladas y platos de pasta. En definitiva, en todo. Sin embargo, si tienes orégano en tu alacena desde hace demasiado tiempo no pongas más cantidad para compensar su falta de aroma, ya que el amargor de las hojas sin aroma podría arruinarte la comida. Consérvalo no más de un año en un bote hermético protegido de la luz y, si tienes ocasión, adquiere dos o tres tipos para jugar con sus matices.

Además de cocinar con orégano, puedes preparar infusiones digestivas, vinagres y aceites aromáticos y destilados con fines terapéuticos. El orégano es despensa y farmacia en tu hogar.

MENTA NEGRA

También conocido como chinchilla o hierbabuena americana, la menta negra es una hierba nativa de Perú y está emparentada con la caléndula y con el estragón. Su aroma recuerda a la menta y a la albahaca, y es bastante intensa. En la cocina peruana se erige como marca distintiva, resultando un ingrediente esencial en platos como la ocopa, con sus papas hervidas, el ají de gallina, al que a veces se le añaden hojas de la menta negra, y la pachamanca, receta de carnes cocinadas con piedras precalentadas en un hoyo en la tierra.

También se utiliza en la cocina de Bolivia, en la humacha, plato de queso derretido con papas y otros ingredientes de origen colonial que se suele consumir en Semana Santa.

Esta planta no carece de propiedades medicinales. Se dice que los quechuas la recolectaban por sus propiedades digestivas y carminativas, así como para tratar resfriados y bronquitis. En cocina, su sabor refrescante lo convierte en un ingrediente perfecto para preparar salsas que acompañen pescados grasos o para combinarla con chiles sabrosos pero no excesivamente picantes, como el ají amarillo peruano, el rocoto o el mirasol. Además, va bien con el pato, el maíz y para hacer vinagre aromático.

Te será más fácil conseguir pasta de menta negra envasada en tiendas especializadas en productos latinos, aunque algunos agricultores españoles especializados en hierbas de olor también lo tienen entre sus cultivos.

HOJAS DE CURRY

Antes que nada, cabría aclarar que las hojas de curry no son lo mismo que la mezcla de especias que llamamos curry, aunque puede formar parte de ella, de la misma manera que también son un posible ingrediente para los guisados llamados curries, aperitivos indios o chutneys.

Las hojas de curry pertenecen a un árbol llamado *Murraya koenegii*, miembro de la familia de los cítricos, que crece en la India y en Sri Lanka, aunque se utiliza también en la cocina de Myanmar, Malasia y Singapur.

Además de ser una planta culinaria, forma parte de las plantas medicinales que se usan desde hace siglos en la medicina ayurvédica para el control de la diabetes, enfermedades coronarias, infecciones e inflamaciones varias. Es a partir de los años cincuenta cuando se convierte en objeto de estudio y se confirman sus múltiples propiedades gracias a los beneficiosos componentes que posee, entre los que se encuentran importantes antioxidantes como la vitamina C, los betacarotenos y el carbazol.

Huacatay

Hojas de curry

Las hojas de curry frescas desprenden un aroma a mandarina y limón y aportan notas cítricas a diversos platos, como las conocidas samosas, los dal (estofados de lentejas), los sambales y los chutneys. Se suelen comprar frescas, pero en las tiendas especializadas indias también las hay congeladas. En España no son fáciles de conseguir ni unas ni otras, pero secas sí. Mucho menos aromáticas, las hojas de curri secas pierden esas notas cítricas de las que hablaba antes. En su lugar, sobre todo después de freírlas en aceite o mantequilla clarificada, aportan sabor de frutos secos, con notas herbáceas más suaves, y son un plus en arroces, curries de pescado o mariscos y cualquier plato vegetariano, desde legumbres guisadas a salteados, cremas de verduras, etcétera.

Si tienes la suerte de contar con las hojas frescas, arranca de su nervio central solo las que vayas a utilizar en el momento para que conserven todo el sabor y el perfume. En el caso de las hojas secas, añade un puñado al aceite o mantequilla clarificada caliente para obtener esas notas a frutos secos, que aportarán mucho a platos tan sencillos como un arroz basmati al vapor o unas papas salteadas con mostaza en grano y comino. Puedes añadirlas al omelette de papas, a empanadas de pescado o verdura o a una vinagreta. Su sabor es muy agradable y suponen una buena alternativa a hierbas de olor más tradicionales.

ARROZ CON ALMENDRAS

500 g de arroz basmati
3-4 cucharadas de mantequilla clarificada
Un puñado de hojas de curry
1 cucharadita de mostaza en grano
1 cucharadita de comino en grano
1 cebolla picada
2 cucharaditas de pimienta negra recién molida
½ cucharadita de comino molido
Sal
Almendras picadas tostadas

Calentamos en un sartén con tapa la mantequilla clarificada, y freímos en ella las hojas de curry, el comino en grano y la mostaza en grano.

Cuando las semillas de mostaza empiecen a crepitar, añadimos la cebolla y la sofreímos solo unos minutos.

Ahora vertemos el arroz previamente enjuagado, sal y agua hirviendo hasta cubrir ½ cm encima. Agregamos también el comino molido y la pimienta y removemos bien. Llevamos todo a ebullición y bajamos el fuego. Cocinamos todo durante unos 15 minutos, hasta que al arroz esté hecho. Los granos se alargarán y curvarán cuando estén bien cocidos.

Hay que procurar hacer este arroz en un sartén o cazuela lo más plana posible. En mitad de la cocción del arroz, movemos los granos del exterior hacia el interior para que no se queden duros. Una vez terminado, retiramos el recipiente del fuego y ahuecamos el arroz con un tenedor para que se airee un poco.

Añadimos las almendras antes de servirlo.

ZUMAQUE

El zumaque (*Rhus coriaria*) es un arbusto autóctono de Oriente Medio. Se cree que llegó a la península ibérica en el siglo x, traído por los árabes. En el pasado, su cultivo se extendía por amplios territorios, pero hoy en día suele encontrarse solo en las lindes de los cultivos, en los bordes de caminos, carreteras y, en general, en antiguos cultivos. La explotación del zumaque se dio principalmente en Guadalajara y Cuenca, alcanzando el 90% de la producción nacional.

Su importancia residía en su alto contenido en taninos respecto a otros vegetales. Por eso en su día se utilizaba como curtiente (su nombre, *coriaria*, deriva del latín *corium*, 'piel', 'cuero') de ahí que se cultivara frecuentemente cerca de las tenerías, lugares destinados a curtir y a trabajar la piel. Las hojas y tallos jóvenes servían para teñir de amarilloverdoso, la corteza de la raíz de rojo y el fruto de marrón, negro y gris.

El zumaque también se utilizaba como planta medicinal para tratar las diarreas y el escorbuto.

No todas las variedades de zumaque son comestibles, pero el rojo que adquieren sus hojas y frutos durante el otoño la convierte en una bonita planta ornamental.

En la península, el cultivo de zumaque suponía en el siglo xviii uno de los tres más importantes, junto con la vid y los cereales. Hoy en día, el zumaque se conoce más por su uso gastronómico, especialmente el de sus frutos, que suelen comprarse secos y molidos y que están asociados sobre todo a la cocina de Oriente Medio. Su agradable acidez convierte al zumaque en una especia versátil que puede aderezar cualquier tipo de alimento, desde salsas de yogur, hummus, kebab de cordero y verduras asadas hasta ensaladas, picadillos de hierbas y cebolla morada o pan tostado con crema de alcachofa, berenjena, etcétera.

Mezclado con ajonjolí tostado y con hierbas como el tomillo, el hisopo o la hierbabuena, forman la popular mezcla za'atar, utilizada tradicionalmente con el pan con aceite, pero queda igualmente bien con hummus o en ensaladas. Al igual que el zumaque, esta mezcla es muy versátil y la puedes utilizar prácticamente con todo: huevos revueltos,

verduras asadas, queso fresco, etc. En las ensaladas queda especialmente bien, sobre todo si lleva algún ingrediente templado, como pimientos asados o setas salteadas.

El zumaque molido puede presentar distintos tonos según de donde provenga. El más sabroso e intenso presenta un color granate oscuro y su apariencia es más de frutos triturados que molidos. En Turquía y en Irán suele acompañar al kebab y al arroz o se mezcla con cebollas frescas y perejil a modo de ensalada. En el Líbano, en Siria y Egipto se muele y se hace con él una pasta herencia de preparaciones similares durante el Imperio romano. Se dice que el infame Nerón, famoso entre otras cosas por su glotonería, pedía que se le preparara *oxyporum*, un digestivo a base de membrillos, granadas y manzanas ácidas cocidas en mosto con zumaque siciliano y azafrán.

Los indios nativos de América elaboran una bebida similar a la limonada con otra de las variedades comestibles de zumaque. En Irán, la importancia del zumaque va más allá de la gastronomía ya que es un elemento importante en el Nouruz (Año Nuevo). En el altar que se coloca en una mesa se ponen siete ofrendas, que pueden variar según las familias, pero una de ellas siempre es zumaque, la especia de la vida.

Como el zumaque te recordará al limón por su acidez, será muy fácil incorporarlo a tus recetas. Mézclalo con yogur y menta para hacer una salsa que acompañe al pescado o prepara una deliciosa vinagreta para las escarolas. Cuando sirvas carne asada, pon un cuenquito de zumaque en la mesa y que cada comensal lo espolvoree en su plato para darle un toque de sabor extra. Su color también juega un papel decorativo importante por el contraste que suele hacer con el resto de los ingredientes.

ENSALADA DE GARBANZOS

Para 4 personas:

500 g de garbanzos cocidos con asafétida (en caso de ser en conserva, freímos una cucharadita de asafétida en un poco de ghee o aceite de oliva y sofreímos los garbanzos antes de incorporarlos a la ensalada)

1-2 limones en conserva troceados

2 cucharaditas de pimienta negra molida gruesa

3 cucharadas de aceite de oliva

1 cebolla morada cortada en julianas

3 ajos picados

El jugo de un limón

1 cucharada de zumaque

2 cucharaditas de comino en grano

½ cucharadita de cada una de estas hierbas: orégano, tomillo y hierbabuena

1 puñado de perejil fresco picado sin los tallos

Queso feta desmenuzado

Sal

Calentamos los garbanzos un poco y añadimos los limones en conserva, la sal, la pimienta, el aceite de oliva, el ajo, el jugo de limón, el comino, el zumaque y las hierbas. Una vez fría, agregamos a esta ensalada el perejil y el queso feta.

CANELA Y CASIA

El Señor se dirigió a Moisés diciéndole: «Hazte también con tres especias mayores: de mirra pura, quinientos siclos; de canela a lo sumo la mitad, doscientos cincuenta siclos; y de cálamo aromático, doscientos cincuenta siclos. Y de casia quinientos siclos. [...] Y prepararás un ungüento sagrado, ungüento compuesto con el arte del boticario; será un óleo sagrado de unción. Y con esto ungirás el tabernáculo de la congregación y el Arca de la Alianza».

Éxodo, capítulo 30, versículo 22-26

Nardo índico y azafrán; cálamo aromático y canela, y todos los árboles de incienso, mirra y sábila con todas las especias importantes... Despierta, oh, viento del norte y ven a tu sur; sopla sobre mi jardín, que las especias del mismo puedan diluirse. Deja que mi amada entre en su jardín y coma de sus deliciosos frutos.

Canto de Salomón

Desde hace mucho, como dejan ver estos textos, la distinción entre casia y canela ya se hacía. Ambas eran consideradas preciosas, y ambas estaban rodeadas de misterio en cuanto a su origen y distribución. Durante milenios, todo el Mediterráneo fue una fuente infinita de mitos y leyendas acerca de su origen, cada historia más ingeniosa y más fantástica que la anterior.

Heródoto, el gran historiador, decía allá por el 450 a. C. que cuando los árabes salían a recolectar la casia, se cubrían el cuerpo y la cara, salvo los ojos, con pieles de animales porque la planta estaba rodeada de unas criaturas aladas parecidas a murciélagos, muy agresivas y que hacían unos ruidos espantosos. Había que evitar a toda costa el contacto visual con ellos para que no atacaran mientras cortaban la casia.

La recolección de la canela era una aventura aún más extraordinaria, pues unos grandes pájaros utilizaban los bastones de canela para hacer sus nidos con barro en los precipicios de las montañas, donde los hombres no podían escalar. El método inventado por los árabes —quienes tenían por aquel entonces el control del comercio de la canela y otras muchas especias— consistía en cortar pedazos grandes de carne que los pájaros hambrientos llevaban a sus nidos. Debido al peso, los nidos caían y los hombres recogían la canela.

La verdad acerca de estas dos especias es tan asombrosa como sus leyendas. La ruta que siguieron fue uno de los viajes más fantásticos no solo de la Antigüedad, sino de todos los tiempos.

Datos comprobados y especulaciones varias siguen dejando un rastro de misterio alrededor de estas especias, que se convertirían bajo el nombre de canela en uno de los aromas universales presentes en todos y cada uno de los rincones del mundo. Desde los pueblos de la Antigüedad, pasando por las potencias europeas del siglo XVI, hasta las estanterías de los comercios de todo el mundo, la canela y la casia fueron objeto de deseo, primero como medicina y perfume y luego como especia culinaria. Romanos, egipcios, portugueses, holandeses e ingleses sintieron sin duda la fiebre de la canela o de la casia.

La canela fina —también llamada canela verdadera— es originaria de Sri Lanka, antigua Ceilán. Muy aromática y dulce, se trata de la corteza interna de un miembro de la amplia familia de los cinamomos. En este caso se trata del *Cinnamomum verum* o *zeylamicum*, el cual está emparentado con el laurel. En estado silvestre, los árboles son altos, de tronco corpulento. Cuando se cultiva, se poda continuamente, dando lugar a arbustos bajos de finas y frondosas ramas.

Para obtener la canela tal y como llega a nosotros, se raspa la corteza externa de las ramas y se frota con una vara de latón para magullarla y facilitar la extracción. Luego se le hacen dos incisiones y, con mucho cuidado y un cuchillo especial, se realiza el descortezo. Luego se enrollan unas capas dentro de otras a modo de telescopio para formar una rama de la longitud deseada. Con los trozos que se parten se rellenan las cañas, que se ponen a secar. De las hojas y ramas más pequeñas se extrae el aceite, y las ramas podadas sobrantes se utilizan como leña.

Según los holandeses, fueron ellos los que empezaron a cultivar sistemáticamente canela hacia mediados del siglo XVII, pues hasta el momento crecía salvaje.

La canela ha sido apreciada desde la Antigüedad, pero la cumbre de su popularidad en Europa llegaría en la Edad Media. La veremos, pues, junto al jengibre en múltiples recetas medicinales.

En las casas medievales normalmente solo se contaba con un único caldero donde se cocinaba todo. Tampoco había platos o cubiertos y los alimentos se servían sobre rebanadas de pan. Por ende, los sabores dulce, salado o ácido se mezclaban en el caldero. La canela servía de transición entre estos sabores.

A la canela se le uniría el azúcar, traída de las cruzadas. Un recuerdo de aquellos tiempos es el *mince pie*, un pastel de picadillo de fruta, en el que carne, fruta, azúcar y especias iban de la mano. Luego la carne desaparecería de la receta, convirtiéndose en un dulce navideño típico inglés.

La canela se utiliza generalmente en los curries indios muy picantes de Sri Lanka, así como en los biryanis, un guiso indio y pakistaní. En España, según la tradición medieval, la canela aparece en los embutidos y en dulces. En Marruecos, no nos puede faltar en las pastelas o en los tajines. En Grecia, Líbano, Siria y Turquía se utiliza para el cordero (la casia también). En México se usa para el chocolate y salsas como el mole. En Francia, para los postres caseros, y en otras partes del mundo, como Estados Unidos o Reino Unido, se utiliza sobre todo en repostería y confitería. No obstante, cabe señalar que en Estados Unidos no es obligatorio hacer la distinción entre casia y canela: todo es *cinnamon* ('canela'). La canela fina solo se puede encontrar en establecimientos indios.

La casia o canela china, cuyos trozos son gruesos y quebradizos, se suelen vender en pequeños trozos de formas irregulares. Se parece mucho a la canela de Ceilán, pero es más fuerte y picante debido a que su contenido en aceites esenciales (cinamaldehídos) es muy superior a la de la canela y otros parientes. La casia se cultiva en China desde el siglo IV, en lo que se conocía como jardines de casia, y se le atribuían poderes mágicos, siendo normal ponerla en saquitos junto a los difuntos. Es también en China donde se utiliza para la cocina roja de Hunan y donde la vemos como ingrediente imprescindible de la mezcla cinco especias chinas.

Pero existen más tipos de canela. La canela vietnamita, por ejemplo, se parece a la casia, pero es más pequeña y fina. Es muy apreciada en China y en Japón. También es de sabor intenso, dulce y picante. Los frutos sin madurar se secan y se venden como capullos de canela. Tienen sabor suave y dulce, pero deben molerse muy finos para liberar su fragancia. Se usan en China y en la India.

La canela de Indonesia es más gruesa que la vietnamita y tiene un color más rojizo, aunque su interior es de color grisáceo, mucho más oscuro. Crece en Java y Sumatra y se consume mucho en Holanda.

Por último, la madera del alcanforero (*Cinnamomum camphora*), pariente también de la canela, se usa en la cocina china para ahumar el pato. Además, produce un aceite esencial usado para aromatizar licores amargos y para cremas analgésicas, como el bálsamo de tigre.

En la India aún se usan pequeñas cantidades de resina cristalizada de alcanfor en la elaboración de dulces y pudines de leche, como ya se hacía en la cocina mozárabe española durante el siglo XIII.

De la casia, pariente humilde de la canela durante siglos, se dicen muchas afirmaciones erróneas. Al no ser canela verdadera, se le tacha de tóxica y de perjudicial para la salud, e incluso se dice de ella que es venenosa. Nada más lejos de la realidad. Su utilización en la medicina milenaria ayurvédica es buena prueba de ello. Si se usa todos los días, recomiendo la de Ceilán porque es más suave, pero en demasía son igual de perniciosas, como cualquier exceso que se cometa con otras plantas.

La casia, al ser de sabor más fuerte, va mejor con otros sabores fuertes, como frutos secos, cordero, cerdo, salchichas. En el mundo anglosajón, es la canela de hornear y se usa en los bollos de canela, el pay de zanahoria, el pay de manzana y para hacer chicles y caramelos picantes o licores. La canela de Ceilán o canela fina es más sutil, más suave. Por lo tanto, muchos la prefieren para postres como el arroz con leche, el pan francés o las natillas, en los dulces navideños (polvorones, donas), en las ensaladas de fruta o espolvoreada sobre el café o sobre el chocolate caliente.

En los últimos años, tanto la casia como la canela se han convertido en ingredientes indispensables en los platos de avena, tanto fríos como calientes, o en licuados de fruta y chía.

En cuanto a los beneficios para la salud, el más inmediato y probado —siempre bajo la supervisión de un médico— es que actúa como regulador de los niveles de glucosa en sangre, sobre todo en aquellos casos de diabetes tipo 2. Y lo es por partida doble: por sus componentes y porque su dulzor evita el uso excesivo de azúcar, pudiéndose llegar a prescindir de ella en muchas recetas en favor de la canela o la casia.

Personalmente, me sumo al uso de la casia en preparaciones saladas como tajines marroquíes, curries indios o estofados iraníes y libaneses. Igualmente, la casia en combinación con otras especias —como el comino, el cilantro, el clavo y la pimienta gorda, por mencionar algunas— resulta ideal para marinar carnes y aderezar carne molida. Utiliza las astillas de casia para los arroces indios y los guisados de larga cocción, y la molida con todas aquellas recetas en las que quieras que quede bien integrada sin encontrarte trocitos.

Por otra parte, la canela de Ceilán es indispensable en repostería: galletas navideñas, puré de frutas, panqué, etc. Si hay un aroma y un sabor que nos transporta a la infancia es el de la canela, sea cual sea.

Las ramas de canela de Ceilán, al ser más quebradizas, es mejor utilizarlas en la comida sin desmenuzar. Sin embargo, para aromatizar café o leche es mejor partirla para aprovecharla mejor. Puedes utilizar la canela de Ceilán molida de igual manera que la casia.

Pon una astilla de casia o una ramita de canela en un estofado de verduras o en una sopa de lentejas. También puedes poner un poco de canela o casia molida en la carne para albóndigas.

Para preparar vino caliente, pon a calentar durante 20 minutos una botella de vino tinto, 50-75 g de azúcar, una rama de canela, una rodaja de limón y una de naranja, tres o cuatro clavos, dos anises estrella y algunos granos de pimienta gorda. Para entrar en calor y cantar villancicos a todo pulmón es ideal.

Y no olvides que tanto la casia como la canela son mejores amigas del cordero, las manzanas, el chocolate, el jengibre, el cardamomo y el clavo.

TOMILLO

El tomillo es una de las hierbas de olor más conocidas que existen, no solo por su valor culinario, sino también por las propiedades medicinales que posee. Su valor medicinal se lo confiere un aceite esencial que contiene, el timol, un poderoso antiséptico que cura las infecciones de la boca y calma los ataques de tos. Es sin duda un soldado poderoso en la batalla contra los gérmenes y en afecciones como las úlceras y el herpes, entre otras.

Los antiguos egipcios utilizaban el tomillo en la momificación y los griegos como incienso en los templos para refrescar y limpiar el aire. La palabra griega *timo* significa «fumigar». Los romanos por su parte creían en las propiedades vigorizantes de esta planta y la usaban en sus baños. Según la mitología, el tomillo nace de las lágrimas de Elena de Troya y otorga coraje y fuerza para la batalla.

El tomillo ya estaba presente hace cinco mil años, pero desde entonces sus variedades se han multiplicado. En la actualidad, las tres más conocidas son el tomillo común, el tomillo limonero y el serpol o tomillo de monte. Al tomillo común se le conoce como tomillo francés en algunos países, aunque es España el principal productor de este y de otras muchas de sus variedades. Es la hierba mediterránea por excelencia, pero ha conquistado el mundo entero con su intenso y delicioso sabor, dando carácter a cocinas tan variadas como la española, francesa e italiana o la caribeña y la cajún.

El tomillo común se utiliza para aromatizar sopas, asados y estofados. El limonero, con su toque sutil cítrico, es más adecuado para pescados, mariscos y verduras. Lo puedes incluir en la preparación del plato o dejar caer un puñado de tomillo limonero seco en las brasas para que los alimentos se impregnen del humo aromático. El tomillo silvestre o serpol sirve para preparar el Bénédictine, un licor cuyos orígenes se remontan al Renacimiento. También es muy bueno para preparar infusiones con miel para suavizar la garganta y calmar la tos.

El tomillo está en todas partes. Fresco es mucho más suave, pero rinde menos que el seco y se estropea antes. Si lo utilizas fresco, pica bien las hojitas porque son bastante duras o pon una ramita que luego puedas retirar.

Esta planta, que ha conquistado el mundo entero, juega un papel esencial en platos tan emblemáticos como el *bœuf bourguignon* francés, y forma parte del también francés *bouquet garni*.

La variedad que crece y se cultiva en Oriente Medio —también conocida como za'atar— es más fuerte y se utiliza en una mezcla de ajonjolí y zumaque que lleva el mismo nombre.

En Estados Unidos no solo está presente en la cocina cajún, sino que también se utiliza en platos tan conocidos como el *clam chowder*, una sopa de almejas de Nueva Inglaterra.

En España, el tomillo es hierba obligada en guisados y asados de carne y en recetas que lleven jitomate. En el rabo de toro con jitomate no puede faltar, así como tampoco en los adobos, en combinación con el vinagre para algunos pescados.

Para preparar dulces —como almíbares, panqués o ensaladas de fruta— se recomienda utilizar el tomillo limonero por ser más suave que otras variedades. También te sirve para preparar una deliciosa mantequilla para langosta o camarones.

Pica muy fino un poco de tomillo fresco y espolvorea las papas asadas o al vapor. Lo puedes hacer también con tomillo seco, pero pon menos cantidad. Ambos quedan también muy bien en una ensalada de jitomate, pepino y queso feta.

El tomillo es una agradable planta que ha estado entre nosotros desde hace miles de años. Su relevancia ya era tal que Carlomagno ordenó plantarla en los jardines reales, y Hildegarda de Bingen, famosa naturalista del siglo XI, ya hablaba del poder antiséptico del tomillo. Tus guisados, adobos y vinagretas no solo se verán enriquecidos por el sabor de esta hierba, sino que le aportarán también grandes beneficios a tu salud.

Principalmente en Valencia y Alicante hay otro miembro de la familia de los tomillos. Se trata de la pebrella, presente en numerosas recetas de la cocina valenciana, como las paellas o las carnes de caza y para aderezar aceitunas o jitomates. Solo se encuentra silvestre, no se cultiva, y el momento de su recolección es el verano. Su olor es intenso y aporta mucho sabor. Por ende, es aconsejable utilizarla con moderación.

HIERBABUENA

La hierbabuena es una planta aromática que se parece al tomillo, pero tiene hojas más largas y un color verde más intenso. Es de perfume penetrante y puede recordar un poco al romero.

Fue una de las especias más famosas de toda Europa hasta ser destronada por la pimienta. Durante más de dos mil años fue uno de los condimentos básicos de la cocina europea. Los ingleses la llamaban sabrosa (*savoury*) porque ya en tiempos de los sajones la consideraban potente, estimulante e intensa. Hoy en día la misma palabra se utiliza para denominar preparaciones con alimentos fuertes que no sean dulces.

Por otra parte, su nombre botánico —*Satureja*— deriva de la palabra sátiro, figura mitológica mitad hombre mitad cabra de libido desmesurada. De las dos variedades que existen, es la de verano —*Satureja hortensis*— la que tiene reputación de ser afrodisiaca. Los antiguos romanos se hicieron eco de las propiedades excitantes de la hierbabuena de verano y no dudaron en utilizarla para sus pociones de amor, mientras que a la hierbabuena de invierno —*Satureja montana*— se le atribuye lo contrario.

En Alemania la llaman la hierba de las judías, pues la utilizan para cocinar estas y otras legumbres, como las lentejas, probablemente por sus propiedades digestivas. En la cocina catalana también se utiliza en platos de chícharos o de habas. En Francia se utiliza para el cordero asado y en Europa Central para pescados de río y papas.

En todo el mundo es una hierba muy utilizada en la elaboración de patés y embutidos y no es raro verla en condimentos para carne junto a otras especias. Sin embargo, la hierbabuena no es una hierba fácil de encontrar en España, a excepción de Cataluña. Es relativamente más fácil encontrarla seca que fresca en establecimientos especializados, pero nos la encontramos a menudo en aderezos para aceitunas, en los embutidos y en la mezcla de hierbas provenzales.

Usar hierbabuena es tan fácil como usar tomillo o mejorana. Tengo debilidad por la hierbabuena en platos como los camotes asados con cebollitas francesas y vainilla o los estofados irlandeses de ternera y cerveza negra. Con hierbabuena también puedes preparar mantequilla, aceite y vinagres aromáticos, una forma muy rentable y útil de utilizar esta estupenda especia.

Ponla en unas aceitunas en aceite y trocitos de queso para convertirlos en un aperitivo más atractivo, o sobre focaccias y panes planos. También sirve para hacer za'atar. Las chuletas de cerdo asadas con hierbabuena y un poco de pimienta negra son una buena manera de que ambas especias hagan las paces y te brinden una deliciosa cena.

PIMIENTA

Nada como las especias orientales...: pimienta, clavo, canela, nuez moscada y macis. Solo el sol abrasador de los trópicos podría concentrar la intensidad de sabor y aroma en envases tan diminutos. Las especias eran guardadas cual tesoros, se conservaban bajo siete llaves. Figuraban en dotes y testamentos. Valían, literalmente, su peso en oro, por el que eran trocadas. Pero había una buscada y apreciada por encima de las demás, la especia maestra: la pimienta.

Allegro ma non troppo. Las especias en la Edad Media, Carlo M. Cipolla

Sobre la pimienta se han escrito ensayos y libros dedicados exclusivamente a ella, como especia, como motor económico, como objeto de deseo, etc. Ha sido y será la reina de las especias. Entera o molida —a menudo muy fina, convertida en un polvo grisáceo—, la pimienta habita en nuestros especieros sin hacer mucho ruido, solo el del molinillo si

la trituramos en el momento de usarla o el golpeteo del almirez en el mortero si preferimos hacerlo a la vieja usanza. Es común, imprescindible pero sin destacar; es una especia tan obviada y aceptada como básica, como el orégano o la canela. Y, sin embargo, es sin duda alguna la especia con el bagaje histórico más complejo, extraordinario y violento que pueda imaginarse. Es una de las cuatro especias más importantes, junto con la canela, el clavo y la nuez moscada.

Hablar de ella es como escribir la biografía de un aventurero, un mercader, un pirata y un soldado. Condimento, moneda de cambio, maravilla medicinal, ansiada, buscada, arrebatada y guardada cual tesoro, la pimienta lleva siglos en nuestras mesas, pero también forma parte de un imaginario colectivo en el que se configuraba como algo extraordinariamente valioso, solo al alcance de unos pocos. Para muchos fue el desencadenante de las políticas imperialistas y colonialistas; para otros, la responsable de la globalización. Sin duda fue el motor, el acicate y el aliciente para el desarrollo tecnológico naval y el comienzo de la Edad Moderna europea. Alimentó las ansias para descubrir nuevas rutas hacia su lugar de origen, la India, donde tenía lugar un comercio próspero y lucrativo.

Las manos europeas pronto se harían con el control que tanto anhelaban. Largos y peligrosos viajes por tierra y por mar, intercambios, diplomacia —infructífera muchas veces—, confrontaciones violentas y mucha sangre por desgracia derramada marcan la historia de esta especia, que hacia el siglo XVIII se vuelve un producto tan asequible que deja de ser ese objeto de deseo que inspiró las leyendas fantásticas de los mejores mercaderes de Oriente, que condimentó el viaje al más allá de las momias egipcias, que ennobleció banquetes romanos y medievales y que marcó la prosperidad en palacios y en mansiones a lo largo de la historia. Esa misma pimienta se convertiría en algo sin importancia, con un pasado prácticamente olvidado. Algo que, sin embargo, no puede faltar en nuestras cocinas o en nuestras mesas.

Las modas, los intereses culinarios, la curiosidad por sus propiedades, han hecho renacer el interés por la pimienta y más en concreto por la gran familia de las piperáceas, cuyos miembros numerosos y diversos abren todo un mundo de posibilidades gastronómicas, ya sea mirando hacia su pasado o creando un aromático futuro. Para hablar de la pimienta primero es necesario hablar de esta gran familia, a la que pertenecen la pimienta negra (*Piper nigrum*), la pimienta larga (*Piper longum*) y otras muchas más exóticas, desconocidas y repartidas por todo el globo terráqueo.

Además de esta extensa familia existen otras llamadas pimientas que no pertenecen a las piperáceas, pero que han sido consideradas como tales por similitud en su forma o porque se han usado a lo largo de la historia de la misma manera.

Piper nigrum

La pimienta negra o pimienta común es la más conocida y la más usada no solo de las pimientas, sino de todas las especias. A este mismo grupo pertenecen la blanca, la verde y la roja. Todas provienen de la misma planta, pero en distintos grados de madurez o como resultado de distintos procesos de secado. Originarias de la India, la pimienta negra y sus hermanas crecen en una planta enredadera de hermosas hojas que trepa por un árbol o poste, según la plantación. De sus extremos cuelgan unos pequeños racimos repletos de unos pequeños frutos redondos muy apretados. Estos frutos poseen una capa externa llamada pericarpio que encierra una única semilla. El pericarpio contiene una enzima que actúa como catalizador, creando aceites esenciales que confieren a la pimienta su típico perfume. La semilla en sí no tiene mucho aroma, pero contiene piperina, la sustancia que hace que la pimienta pique. Pericarpio y semilla nos dan la especia tal y como la conocemos, con su intenso aroma y su particular picor.

La pimienta es uno de los cultivos más antiguos de la India. No es solo un producto más, sino que forma parte de su herencia cultural y es la especia que sin duda puso a la India en el mapa del comercio.

Pimienta verde

Se trata de una pimienta que no ha madurado del todo y que se produce cuando la planta pierde sus hojas. No desarrolla todo su aroma ni su picor, por eso su sabor es más fresco y herbal y resulta más suave en boca.

Si estas bayas verdes se dejan al sol se tornan negras. Para prevenir este proceso o bien se la sumerge en salmuera, o bien en agua hirviendo durante 15-20 minutos. Este último método es el preferido, ya que evita que las enzimas del pericarpio ennegrezcan los granos y no deja el sabor residual de la salmuera.

No obstante, el mejor método para conservar su color y su sabor es la liofilización. Este método consiste en deshidratar un alimento sometiéndolo a una rápida congelación, y eliminar luego el hielo mediante un suave calentamiento al vacío que lo convierte en vapor. La pimienta verde liofilizada presenta una superficie lisa y una apariencia rechoncha de un verde intenso, muy cercana a la de la baya recién recolectada. Es común encontrar pimienta verde en salmuera en los estantes del supermercado y de algunas tiendas, pero hay que saber que esta pimienta es de menor calidad y la salmuera le quita tanto su sabor fresco como su picor normal. Si queremos, por ejemplo, hacer una salsa a la pimienta verde es mejor utilizar unos granos de pimienta verde seca o liofilizada machacados con el mortero.

Pimienta negra

Es la pimienta verde recolectada un poco más tarde. Cuando en los racimos ya aparecen unas bayas más oscuras, se recolectan y se secan al sol. Tras unos días adquieren un color oscuro y una apariencia rugosa.

Lo mejor —y lo hago extensivo a todas las pimientas— es comprar la pimienta en grano, pues molida pierde la mayor parte de los aceites volátiles que se encuentran en el pericarpio. Además, se suelen moler los granos de peor calidad. Cuanto más oscura es la pimienta negra molida, de peor calidad es, ya que significa que se han molido muchos granos de pimienta huecos. Es muy cómoda de usar, pero no nos brinda el verdadero sabor de la pimienta y su picor.

Pimienta blanca

Se recolecta cuando las bayas maduras han adquirido un color anaranjado rojizo, y es menos aromática. Las bayas se meten en sacos y se ponen a remojar, preferiblemente en un riachuelo para que el baño de agua sea continuo. De esta manera, tras unas dos semanas, el pericarpio se reblandece. Luego se frotan para retirarlo y, por último, se lavan de nuevo y se secan al sol.

Es importante que las bayas recolectadas estén en su plena madurez, ya que es el momento en el que la cantidad de piperina de la semilla es mayor.

Hasta el siglo XVI se pensaba que la pimienta negra y la pimienta blanca provenían de plantas diferentes. Incluso hoy en día sigue existiendo cierta confusión. En el pasado, los mercaderes árabes se cuidaban mucho de no dar demasiada información real sobre el origen de las especias con las que comerciaban, pero sí contaban historias de lo más exageradas y rebuscadas, sobre todo de la pimienta, a la que unas serpientes gigantes y peligrosas protegían del resto del mundo. Los recolectores prendían fuego para ahuyentarlas y poder recolectar rápidamente las bayas, que en dicho proceso se oscurecían. Lo de la pimienta blanca no quedaba tan claro, pero era también parte del juego.

Pimienta roja

Antes que nada, conviene aclarar que la pimienta roja no tiene nada que ver con la pimienta rosa. Se trata de una baya madura, una rareza incluso en países en los que se produce, ya que es muy arriesgado dejar madurar las bayas por completo en la planta porque resultan muy atractivas para los pájaros o pueden ser arrasadas con facilidad en caso de lluvias torrenciales. Estas bayas maduras se usan inmediatamente, firmes y jugosas, o se les aplican los mismos métodos que a la pimienta verde. La clave para no confundirla con la pimienta rosa es que esta última es de un rosa incluso casi fucsia y su piel es quebradiza. La pimienta roja es realmente de un naranja oscuro, tiene el frescor y el picor de la pimienta negra y posee además notas de fruta y caramelo.

Pimienta larga

Llamada así por la forma de sus piñas, la pimienta larga es oriunda de la India y de Indonesia. La variedad india *Piper longum* crece sobre todo en áreas montañosas del norte, pero también en los bosques de Kerala y Tamil Nadu, en el sur. Su pariente indonesio *Piper retrofractum* es nativa de Java, pero crece en Indonesia y en Malasia. Es interesante señalar que también crece pimienta larga en el norte y este de África,

llevada allí seguramente por los mercaderes árabes. La pimienta larga —o *pipali*, como se le conoce en sánscrito— llegó a Europa antes que la pimienta negra. Ya se utilizaba dos mil años antes de Cristo en la cocina india, y se la menciona en los textos clásicos romanos. Se creía que el primer europeo que vio pimienta larga fue Alejandro Magno, cuando en el 326 a. C. marchó sobre el Punjab en el norte de la India.

La palabra *pipali* evolucionó a *pipari*, luego a *peperi* y de ahí al latín *piper*. Sería en la Roma clásica donde empezaría la distinción entre *piper* para referirse a la pimienta negra y blanca y *piper longum* para la pimienta larga.

La pimienta larga vuelve a mencionarse en los manuscritos medievales y tratados del Renacimiento. Sin embargo, hacia finales del siglo XVI y principios del XVII cae en desuso y su precio baja considerablemente hasta costar doce veces menos que la pimienta negra. Existen dos teorías al respecto. Al hacer su aparición los chiles con el descubrimiento de América, no parecía necesario tener dos especias picantes, aunque esta teoría no termina de sostenerse porque, de ser así, también habría caído en desuso la pimienta negra. La otra razón parece más plausible: la pimienta larga no viajaba bien. Contiene más humedad que la negra, por lo que era fácil que le saliera moho si no se había secado bien antes de transportarla en barco. Sea cual sea la razón, hacia el siglo XIX prácticamente desaparece.

Sin embargo, utilizada primero en Occidente como medicina, su sabor picante y dulce al mismo tiempo la terminará convirtiendo en una especia atractiva en cocina. A veces se le encontraba en una nueva receta junto con la pimienta negra, como en la Italia del siglo XIV, sobre todo en recetas de áspic de carne o pescado.

Los franceses también la utilizaban tanto en recetas dulces como saladas junto a otras especias fuertes, como la pimienta negra, el clavo y el jengibre, sabores arraigados sobre todo en la cocina medieval europea. Hoy en día la pimienta larga vuelve a utilizarse en Europa. En España también: gracias a nuevos programas de cocina y a la aparición de tiendas especializadas, la pimienta larga en todas sus variedades vuelve con fuerza a reconquistar nuestras cocinas.

En Francia, diversas firmas importadoras la ahúman o la curan en sal, expandiendo las posibilidades gastronómicas de esta especia.

La pimienta larga se puede utilizar en todo tipo de platos. Las pequeñas semillas adheridas a un nervio central se pueden desprender a golpe de mortero o rallador, o también se pueden simplemente utilizar las piñas enteras en guisados de larga cocción. La pimienta larga fermentada en sal suele picarse, ya que está blandita, y añadirse a un tartar o a carne molida para hamburguesa. También la podemos tomar a modo de aperitivo acompañada de un vermut, como si fuera una aceituna, aunque en la boca su sabor y picor son sin duda intensos.

PIMIENTA CUBEBA Y OTRAS PIMIENTAS DE COLA LARGA

En la isla de Java, en Indonesia, crece la planta *Piper cubeba*, llamada pimienta cubeba en el idioma local. Y lo hace de forma salvaje, enredándose en los árboles hasta alcanzar unos veinticinco metros. También se le conoce como pimienta de cola larga, ya que tiene un rabito, a simple vista la única diferencia física con la pimienta negra.

Su cosecha es peligrosa porque los recolectores tienen que trepar hasta lo más alto para poder alcanzar todas las bayas maduras que la planta produce. Para obtener un kilo de cubeba seca es necesario recolectar cinco kilos de bayas maduras frescas. Una vez recolectadas las bayas, se dejan secar al sol y luego se trillan limpiando la cosecha de ramitas o granos defectuosos, dejando solo aquellos de mejor calidad.

La pimienta cubeba ha sido sin duda una especia viajera, que atravesó mar y tierra siguiendo las rutas de la seda y de las especias, desde su lejano lugar de origen hasta la Europa medieval de manos de los mercaderes árabes. Por aquel entonces se usó casi exclusivamente como medicina o como planta mágica para hacer pociones de amor o amuletos. A partir del siglo XVII se convirtió en una rareza prohibida por el rey de Portugal con el fin de favorecer el comercio de pimienta negra, fuente esencial de sus ingresos.

Desaparecida en el siglo XIX, la encontramos hoy en día en el norte de África y en las estanterías de tiendas especializadas, y nos brinda un abanico de posibilidades gastronómicas muy interesantes. No obstante, aconsejo por una parte no utilizarla en grandes cantidades ni cocinarla durante periodos largos para que, ya sea por exceso o cocción demasiado larga, no desarrolle un sabor amargo que eclipse al resto de sus matices, frescos, algo balsámicos —casi mentolados— y ligeramente picantes. Se puede añadir molida en el último momento o infusionar un poco en leche o crema, sobre todo para postres.

Es una acertada elección para preparar platos de pescado o mariscos, carnes blancas y postres con chocolate. Combina bien con otras pimientas y otras especias, y su sabor sorprende en recetas en las que normalmente utilizamos pimienta negra.

Otras pimientas de cola con rabito son la pimienta salvaje de Madagascar y la pimienta likouala, ashanti o de los gorilas del Congo.

La pimienta salvaje de Madagascar o voatsiperifery (*Piper borbonense*) crece en la selva tropical, donde se cosecha a mano. Es la única pimienta en vías de extinción. Algunos productores menos escrupulosos prefieren talar los árboles sobre los que la planta trepa a varios metros de altura, ya que su recolecta puede resultar compleja y peligrosa. Su nombre proviene del malgache *voa* ('fruto') y *tsiperifery*, que denomina a la liana de la *Piper borbonense* en malgache. Su olor es complejo, con matices de madera y de sabor ligeramente amargo y poco picante. Combina especialmente bien con carnes rojas a la parrilla, pero también con el cerdo, el cordero, el foie gras y el chocolate.

Por otra parte, la pimienta de los gorilas, a veces confundida con la pimienta cubeba, es más pequeña que esta y tiene matices diferentes. Las lianas donde crece alcanzan alturas hasta de veinte metros, y sus bayas son recolectadas no sin riesgos para la tribu Baka, que forma parte del pueblo pigmeo. En su lugar de origen se utiliza para la carne de caza y para su receta tradicional de pollo asado ashanti. También se utiliza como medicamento natural. En Nigeria y en Camerún sirve para el dolor de estómago y la gonorrea. Parece ser que la infusión tanto de las hojas como de los frutos otorga fertilidad a las mujeres y tiene propiedades afrodisiacas. Es una pimienta muy perfumada, especiada y con un sabor fresco. No es muy picante porque contiene poca piperina. Siguiendo el ejemplo de aquellos que la cultivan y recolectan, úsala para platos de caza, sobre todo asados, y ponla en tu molinillo junto a otras pimientas para dar el toque de bosque y madera en carnes a la plancha, pescados asados y huevos revueltos. Es ideal en cantidades pequeñas en verduras a la plancha.

GRANOS DEL PARAÍSO

Con este evocador nombre esta especia africana trae consigo un trocito de la historia del comercio de las especias, pues en un momento muy concreto llegó a eclipsar a la todopoderosa pimienta. Alcanzó la fama en la Edad Media, en pleno furor especiero, cuando las rutas hacia las India y hacia las islas de las Especias no estaban aún en manos de los ávidos europeos.

Los granos del paraíso —o pimienta melegueta, como también se le conoce— hicieron un épico viaje a camello a lo largo de viejas rutas que iban desde la costa de Guinea, atravesando el Sáhara, hasta alcanzar los puertos del Mediterráneo, en el norte del continente africano. De allí encontraron su camino hacia Europa, donde se vendían a elevados precios como medicina y como condimento, formando parte muy pronto de numerosas recetas medievales, como el popular hipocrás.

Los mercaderes árabes tuvieron el monopolio de la pimienta hasta el siglo v, momento en el que los europeos buscaron otras fuentes fuera de su lugar de origen, la India. En 1460 el príncipe portugués Enrique el Navegante volvió a Lisboa cargado de esclavos y granos del paraíso, encontrados en algún lugar entre Guinea y la costa oeste africana. Los granos del paraíso causaron verdadero furor, ya que resultaban un magnífico sustituto para la pimienta y eran mucho más baratos. Así, la odisea de los granos del paraíso llegó a su fin, convirtiéndose en algo asequible, desprovisto del misterio y del largo viaje que una vez justificaron su alto precio.

Hacia el Renacimiento, debido a la bajada drástica del precio de la pimienta, el uso de los granos del paraíso acabó por desaparecer, salvo de las estanterías de los apoticarios y de la producción de vino y cerveza, en los que se usaba como aromatizante. Esta especia —que no pertenece a la familia de la pimienta, sino a la del jengibre— recibe el nombre botánico de *Aframomum melegueta*, pero es conocida como amomo. Una de sus variantes, la *Alligator pepper*, es comúnmente llamada pimienta de lagarto.

La melegueta está emparentada también con el cardamomo. De hecho, sus semillas son similares: pequeños granos de un marrón rojizo con forma de diminutos higos, con un interior blanco, y cuyo ligero picor se debe a su contenido en gingeroles. Tampoco crece en una planta trepadora, sino que sus frutos proceden de un rizoma del que salen unas exuberantes flores que, al morir, dejan tras de sí una cápsula llena de estas sabrosas semillas.

En su lugar de origen era un ingrediente básico tanto como medicamento como condimento en cocina, y gracias a la practicidad —no amabilidad— de algunos esclavistas, los granos del paraíso acompañaron a los esclavos en su largo y triste periplo hacia el Nuevo Mundo. Hoy crece en Ghana Togo, Costa de Marfil, Liberia, Nigeria y en algunas zonas del Caribe. Su uso en cocina es sencillo, ya que, como mencionaba antes, es el perfecto sustituto de la pimienta negra, aunque su sabor sea diferente. En boca resulta una compleja mezcla de jengibre, pimienta negra, nuez moscada y cardamomo. Más suave de lo que cabría esperar, se puede utilizar de forma generosa sin riesgos. Es mejor molerla y añadirla en el último momento, pero soporta bien cocciones cortas, como la preparación de jarabes, panqués y salsas. En Ghana y en países

vecinos se utiliza para todo, a veces mezclada con cubeba, jengibre y chiles de árbol para asar carnes o para guisados y sopas. También es un posible ingrediente del ras el hanout marroquí o del qâlat daqqa.

En Occidente vuelve a usarse gracias a los chefs que están redescubriendo su notable sabor. Enormemente versátil, te servirá para platos dulces y salados. Su picor —más suave que el de la pimienta— va muy bien con pescados a la plancha, verduras y pollo.

Úsala en gratinados de papas y zanahorias blancas, en salteados de setas, en ensaladas de fruta o en jugosos panqués de calabaza. Ten un molinillo a la mano solo de granos del paraíso, o mézclalos con pimienta verde y negra para dar toques alegres a cualquier alimento, desde un huevo duro a un bowl de fresas o a una taza de chocolate caliente.

PASTEL DEL PARAÍSO

50 g de sultanas
100 ml de grappa o ron
600 g de calabaza pelada, sin semillas y en trozos
150 g de mantequilla sin sal
Una pizca de sal
80 g de azúcar
50 g de almendras picadas
La ralladura de un limón
1 cucharada de granos del paraíso machacados, no molidos
85 g de harina
1 cucharadita de levadura
2 huevos, claras y yemas separadas

Sumergimos las pasas 15 minutos en ron y precalentamos el horno a 180 °C.

Ponemos en una olla la mantequilla con la calabaza a fuego lento hasta que se ponga blanda. La volcamos en un bowl, echamos una pizca de sal y la batimos hasta hacerla puré.

Luego añadimos el azúcar, las almendras, los granos del paraíso y la ralladura de limón. También las pasas con el ron.

En otro bowl, mezclamos la harina con la levadura, y vamos agregando poco a poco al puré de calabaza. Removemos bien. Luego, echamos las yemas y las integramos. Por último, añadimos las claras a punto de nieve.

Volcamos la mezcla en un molde engrasado no demasiado alto, y horneamos durante 75 minutos. Para saber cuándo está hecho, picamos el centro. Si es necesario, horneamos 20 minutos más.

PIMIENTA ROSA

Antes que nada hay que aclarar una cosa: la pimienta rosa no es una pimienta. Algo que a estas alturas de seguro no nos sorprende, porque bajo el epígrafe de pimienta nos encontramos otras muchas especias que no lo son. Ni siquiera pertenece a la familia de las piperáceas, y a menudo se le denomina falsa pimienta.

No obstante, la confusión va más allá, ya que a veces se le llama pimienta roja sin serlo. Ya vimos que la pimienta roja de verdad es solo un estado más maduro de la pimienta negra.

En último lugar, hay que señalar que existen dos tipos de pimienta rosa: la *Schinus terebinthifolius*, la más conocida, originaria de Reunión, Mauricio y Brasil, y la *Schinus molle*, nativa de Perú y México, e introducida en el sur de California hacia el siglo XVI, de donde partiría hacia España y otros países del Mediterráneo. Una subvariedad, la *Schinus molle areira*, crece en el sur de Australia, Nueva Gales y Victoria, donde se le trata como planta invasora a pesar de que la sombra de sus árboles, parecidos a los sauces llorones, es muy apreciada por sus habitantes.

La *Schinus molle* recibe en su lugar de origen el nombre de árbol de la vida, pues sus frutos se han utilizado como medicina durante siglos. Con las drupas se prepara una bebida, la chicha de molle, que se ofrecía como ofrenda durante el Imperio wari peruano, del 600 al 1200 d. C. La planta, ya en infusión, a modo de cataplasma, trataba infecciones y problemas respiratorios, bajaba la inflamación, curaba el reumatismo y servía de analgésico. En la actualidad se sigue utilizando como medicina, además de

utilizarse para hacer dentífricos, jabones y perfumes. Y, como es lógico, también se usa en las cocinas de los países donde crece, especialmente en la gastronomía peruana, para condimentar todo tipo de alimentos y en la elaboración de bebidas alcohólicas y refrescos.

Esta falsa pimienta es de color más claro, y tiene algunos componentes en común con la pimienta brasileña rosa. Normalmente la pimienta que encontramos con cierta facilidad en España es la de origen brasileño o malgache. Las bayas de pimienta rosa, llamadas también pimienta bourbon o baya de Navidad, tienen un leve matiz picante, pero no contienen piperina. De hecho, hasta que no se tritura apenas revela su aroma, que en nariz es resinoso, como de pino, y que recuerda también al enebro e incluso al anís.

Se puede utilizar en una gran variedad de platos de pescado, escabeches, rellenos y salsas. En infusión, además de ofrecernos una deliciosa tisana, nos otorga todas sus propiedades medicinales, tónicas, antibacterianas y activadoras de la circulación sanguínea.

Cuando la pimienta rosa irrumpió en los años sesenta en Francia en la escena revolucionaria de la *nouvelle cuisine*, lo hizo con tanta presencia que terminó por alertar a las autoridades sanitarias por alguna que otra intoxicación. Estaba en todas partes y en grandes cantidades. El furor rosa de su cáscara y las notas frescas de su semilla resultaban irresistibles. Aunque primero se prohibió, luego se permitió su uso bajo una recomendación de moderación.

Muchos han querido ver en ella un sustituto de la pimienta negra, pero creo que lo más acertado es disfrutarla por sí misma.

En cocina no soporta largas cocciones. El exceso de calor le arrebata su bonito color, así que es mejor triturarla y añadirla en el último momento o usarla en recetas que no requieran mucha cocción, como salsas rápidas o panqués. En los *blondies* de chocolate blanco queda espectacular, y es una aportación interesante en escabeches y en aceites y vinagres aromatizados. Desde el punto de vista estético no es atrevido decir que queda bonita, que aporta color a los platos pálidos o de color homogéneo, como las cremas de verdura, y que realza la presentación de una simple galletita salada con queso crema encima, en la que los trocitos de la cáscara de pimienta rosa rompen el aburrido paisaje blanco. Y no es de extrañar que la llamen baya de Navidad, pues en cierto modo recuerda a las bayas rojas del muérdago.

Debido a que su semilla contiene una gran cantidad de aceite, la pimienta rosa puede obstruir los molinillos, cuyas muelas no son siempre fáciles ni de desmontar ni de limpiar. Puedes machacarlas en un mortero o simplemente romper la cáscara con los dedos, dejando la semilla entera para que irrumpa con todo su sabor en cada bocado que esté. Eso sí, recuerda usarla con moderación, en cantidades no muy grandes.

PIMIENTA DE SICHUAN, SANSHO, TIMUT Y ANDALIMÁN: LA AROMÁTICA FAMILIA DE LOS *ZANTHOXYLUM*

Sansho: *Zanthoxylum piperitum*
Sichuan: *Zanthoxylum simulans*
Timut: *Zanthoxylum alatum*
Andalimán: *Zanthoxylum acanthopodium*

Estas cuatro bayas —que no pimientas— pertenecen al aromático género de los *Zanthoxylum*, cuya familia alberga a los conocidos cítricos. Precisamente, los cítricos están presentes en estas falsas pimientas, cuyas notas de limón, toronja, lima y combava van acompañadas de una sustancia muy peculiar, el hidrógeno-alfa-sanshool, que provoca un hormigueo en la boca. Son propias de Asia, en particular de Japón, China, Indonesia y Nepal. A pesar de pertenecer al mismo grupo, cada una de ellas tienen características propias que las hacen únicas. Los árboles producen bayas que al secarse, se abren y dejan ver una semilla negra que se desecha, ya que todo el sabor y el aroma se encuentran en la cáscara. Las pequeñas pero fragantes cápsulas de estas cuatro bayas ofrecen una gama aromática fresca y envolvente que dejará una agradable impronta en cada receta que preparemos con ellas.

Sansho

El sansho japonés posee un sublime perfume alimonado y de madera recién cortada. Nos recuerda al limoncillo e incluso al toronjil. Al igual que sus parientes, esta baya no pica, sino que su contenido en sanshool provoca un ligero hormigueo, acolchando labios y lengua ligeramente a los pocos segundos de ser degustada. Si tal efecto no es de nuestro agrado, solo hay que tostarla antes de usarla. Igual con sus otros parientes.

Estas bayas son conocidas desde hace más de tres mil años según lo demuestra su presencia en diversos yacimientos arqueológicos. Fue utilizada para la conservación del pescado y de la carne y también como ofrenda en las ceremonias religiosas. Sin embargo, en Japón se prefiere el uso de las hojas frescas (kinome) o secas pulverizadas (sansho) a las bayas.

El árbol de sansho crece en las zonas volcánicas de Japón, y sus bayas se recolectan meses antes de que alcancen la madurez. En la cocina tradicional japonesa se usan en marinados de pescado crudo o molidas para pescados asados y al vapor. También para los mariscos cocidos o en salsa. Es un ingrediente del versátil shichimi togarashi.

Sus notas cítricas lo hacen en primera instancia más afín a todo lo que viene del mar, pero también a algunos platos de carnes grasas, como el cerdo, y añade frescor a los salteados de verduras, setas y pollo. En los postres combina bien con el chocolate en todas sus versiones, en licuados de frutas, en cocteles, panqués o mousses.

Tiene propiedades digestivas y calmantes, así que no dudes en añadirla a una infusión de manzanilla, limonaria o toronjil para después de las comidas.

Pimienta de Sichuan

La pimienta de Sichuan, la más conocida de las cuatro bayas, recibe su nombre de la provincia de Sichuan, al suroeste de China, región lluviosa y húmeda famosa por sus platos especiados y picantes. Su sabor es adictivo y su aroma totalmente embriagador, tanto que se dice de ella que provoca euforia. Verdad o no, de ella se desprende un intenso perfume cítrico amaderado, algo resinoso, que nos trae a la boca una ligera acidez como la del helado de limón. Segundos después de tomarla, llega una sensación que no se espera, la del efecto retardado del sanshool, que se expande por toda la boca y por los labios. Pero no es picor —como ya decía en la descripción del sansho—, sino una sensación anestesiante que transforma nuestra boca y nuestra lengua en órganos hipersensibles a los sabores. Lejos de arruinar el sentido del gusto, lo amplía. Se dice que es el secreto del éxito de la bien conocida sopa agripicante china.

La pimienta de Sichuan se suele tostar antes de utilizarla, o se fríe en aceite. En ambos casos desprende todo su aroma, y la sensación de hormigueo será más leve o desaparecerá. Forma parte esencial de las cinco especias chinas y también de mezclas con sal para sazonar pollo o pato crujientes.

Existen dos variedades de la pimientas de Sichuan: la verde, que se recoge antes de que madure, y la roja, que son las bayas totalmente maduras y abiertas.

La pimienta verde de Sichuan desprende notas frescas de eucalipto y de lima combava. En la boca destaca su sabor cítrico y de cerezas ácidas. Lo que la diferencia de la roja es su frescor.

La pimienta roja de Sichuan es más compleja. Al limón se le suman notas de madera especiada, parecidas a las de la pimienta salvaje de Madagascar. Provoca un hormigueo, pero su sabor en la boca es algo más sutil.

La pimienta de Sichuan es una de las especias chinas más antiguas conocidas, primero utilizada para preparar los platos de carne ofrecidos a los dioses y luego, según se dice, para aromatizar el muy apreciado té del emperador Te Tsung. También se le atribuían propiedades afrodisiacas y se utilizaba como incienso para perfumar las habitaciones del palacio de Chang'an para despertar la libido.

Importada en el siglo XIII por Marco Polo a Europa, se convertirá en la estrella de las cocinas nobles del Palacio Ducal de Venecia. Luego desaparecerá de las cocinas europeas, y no será hasta el siglo XX que volvamos a saber de ella en Occidente.

Utiliza las bayas verdes o rojas en el wok para saltear todo tipo de alimentos. Sus notas frescas restan pesadez a los platos de carnes grasas. El aceite especiado con pimienta de Sichuan es ideal para aderezar ensaladas de fideos. Para preparar una fantástica salsa de carnes frías, muele algunas bayas en crudo y mézclalas con cebolla cambray picada, sal, salsa de soya y aceite de ajonjolí. Otra opción es infusionar en aceite templado (unos 60 °C) una cucharada de pimienta de Sichuan para obtener un aderezo perfecto para pescados y mariscos, carne de cerdo y arroces de acompañamiento. También sirve para cremas de verdura que quieras alegrar con un toque ligeramente cítrico, o para conservas de col o de pepino.

Timut

Las bayas de timut, llamadas también pimienta de Nepal por el perfume que desprenden. Crecen salvajes en las montañas de Mahabharat y forman parte de la cocina cotidiana del país. Son muy afrutadas en la boca, con suaves notas florales y un efecto anestesiante sutil y placentero. Se desconoce cuándo empezaron a utilizarse, pero se cree que fue con la llegada de los primeros humanos al sur de Nepal. Junto con la pimienta larga de Nepal, representa la base de especias de la gastronomía de Terai, tierra que vio nacer a Buda bajo el nombre terrenal de Siddhartha Gautama, fundador del budismo. En las grandes alturas del Nepal crece este arbusto espinoso que nos ofrece su tesoro en forma de pequeñas bayas perfumadas. De sus raíces se extrae una sustancia que se utilizaba como colorante y sus ramas se empleaban para purificar el agua y cepillarse los dientes. Hoy en día cuenta con una gran reputación en las cocinas de los grandes chefs de todo el mundo. Las bayas de timut se pueden utilizar de todas las maneras posibles: infusionadas, machacadas, molidas, tostadas, etc. Añadidas al principio o al final de la receta, no hay error posible. Además, se pueden utilizar en todo tipo de platos, ya sean dulces o salados. Al igual que sus parientes, en los platos de pescado y mariscos realza el sabor a mar. Se lleva muy bien con el coco, así que la puedes utilizar en los platos criollos y en curries de todo tipo. Como era de esperar, acompaña de maravilla al pato y a la carne roja, siempre que para esta se utilice muy poquita cantidad.

Prepara un molinillo de bayas de timut y añádelas en el último momento a salteados de verdura, cremas y platos de huevo, como omelette o huevos escalfados. Haz un almíbar con las bayas para poner en un panqué o en un bowl de fresas, o incluye esta fascinante especia en tus mermeladas y pays de frutas.

Como infusión resulta idónea contra la mala digestión, y se alía a la perfección con la canela, el cardamomo, la neguilla, la cúrcuma, el jengibre y el haba tonka.

Andalimán

La pimienta de andalimán —o bayas de los batak— procede de Indonesia, específicamente del norte de la isla de Sumatra. Esta especia, más bien rara, es recolectada por una etnia que vive principalmente en la isla Samosir: el pueblo batak, del que recibe el nombre.

Estas bayas se parecen mucho a las de timut. Aparecen suspendidas en las ramas a modo de racimos de uvas, y las ramitas también se consumen. En la nariz tiene un perfume intenso y fresco, muy cítrico. En la boca posee notas de las pieles de la lima, la mandarina y la toronja, acompañadas del sanshool, que de forma agradable nos adormece la lengua. Estamos ante una especia casi desconocida en Occidente que se usa, sin embargo, a diario en su lugar de origen. El pueblo batak la utiliza como nosotros la pimienta negra; es decir, en todo. Como curiosidad, el pueblo batak forma la mayor comunidad cristiana en un país principalmente musulmán, y, por ende, comen cerdo, al contrario que el resto de la población. Pero lo curioso es su predilección por la carne de perro y por cocerla en sangre, por supuesto sazonada con las bayas de andalimán. Si mezclamos estas bayas con ajo, cúrcuma y nuez moscada podemos preparar arsik, una salsa que acompaña a la mayor parte de los platos batak. También utilizan esta mezcla para freír larvas e insectos.

Volviendo a nuestras cocinas, menos atrevidas sin duda, podemos utilizar la pimienta de andalimán como utilizaríamos la de timut. Prepara un vinagre aromático para las ensaladas, o una salsa de mantequilla, ajo, limón y estas bayas para los pescados a la plancha y al vapor. Añádelas cuando cocines mejillones al vapor con un poco de leche de coco y limoncillo, o cuando hagas tartaletas de fruta, trabajes con chocolate blanco o hagas un puré de manzana.

Aunque podemos suponer que sus propiedades son similares a las de sus parientes, no hay indicios de que se utilice como planta medicinal en el seno del pueblo batak. Por el momento nos limitaremos a usarla para aromatizar camarones, chuletas de cerdo y deliciosas frutas.

CÚRCUMA

Objeto de todas las miradas —curiosas siempre, ávidas de conocimiento y también de curas milagrosas—, sabios y profanos nos inclinamos ante la que es en la actualidad la especia más importante que existe.

Allá por el siglo XIII, Marco Polo estableció una lógica pero simplista relación entre la cúrcuma y el costoso azafrán. Todavía hoy hay quien las confunde, siendo dos especias totalmente diferentes, con el único rasgo en común de que tiñen de amarillo. Llamada injustamente el azafrán de los pobres, es cierto que su precio es muy inferior al del oro rojo, nombre que se le dan a los pistilos de azafrán. Pero lo que no tiene de valor material lo posee con creces en propiedades medicinales. Así lo demuestran los estudios actuales, cuyo objetivo es esclarecer todos y cada uno de los secretos que esta luminosa especia encierra. La medicina ayurvédica puso toda su fe en ella hace miles de años. Hoy el mundo entero se rinde a sus pies.

La cúrcuma se obtiene de un rizoma que pertenece a la misma familia botánica que el jengibre. Se cultiva en la India, China, Jamaica, Perú y Taiwán. Es muy dura de moler, por eso se suele vender molida, aunque se puede comprar fresca en algunas tiendas asiáticas y en algunos mercados.

Cuando se cosecha, se hierve, se limpia, se deja secar al sol y se pule. Los trozos, de un amarillo anaranjado, finalmente se muelen para ser usados en cocina, como especia medicinal, para teñir telas o para preparar cosméticos. También es utilizada como ofrenda y como parte de rituales relacionados con la prosperidad y la fertilidad.

Su poder curativo se debe principalmente a un componente llamado curcumina, un poderoso antiinflamatorio y antioxidante que ha demostrado proteger y mejorar todos y cada uno de los órganos del cuerpo humano. Hasta la fecha, los estudios la han confirmado como un potente remedio para combatir más de setenta enfermedades, incluidas algunas de las mayores amenazas a las que nos enfrentamos en la actualidad, como el cáncer, el alzhéimer o la diabetes, por citar solo algunas. Además, su ingesta no tiene los efectos secundarios que muchos medicamentos sintéticos sí poseen.

No es de extrañar que esté sometida al continuo escrutinio de la ciencia. Los curanderos indios y chamanes la utilizan desde hace más de dos mil años para tratar problemas digestivos, infecciones, dolores de cabeza, problemas articulatorios, artritis y reúma, resfriados, congestión nasal y estrés. ¿Cómo no sucumbir ante tal abanico de pequeños milagros que hacen de nuestra vida una mejor experiencia?

La poderosa curcumina estimula la formación de bilis y facilita el funcionamiento de la vesícula biliar. Es un potente protector hepático y un poderoso antiinflamatorio, así como un eficaz antiséptico ante determinadas infecciones.

No falta información acerca de la cúrcuma con relación a su importante presencia en las culturas asiáticas. Se cree que es originaria del oeste de la India y que su primer uso se remonta a dos mil quinientos años. En sus orígenes, se usaba para teñir telas; luego se introdujo como condimento. Su hábitat se encuentra en el sur de Asia y en las islas del Pacífico, incluida Hawái.

En China fue introducida hacia el 700 y en África hacia el 800. A partir del 1200 se introdujo en todo el trópico, e incluso llegó a formar parte de la cocina tradicional jamaicana.

Universalmente se le conoce por formar parte del curry, pero cabe aclarar que lo hace de dos formas bien diferenciadas: una es en toda la cocina india, como una especia más, y la otra en el polvo de curry, una solución colonial británica para poder exportar ese sabor que veneraban pero no se atrevían a reproducir paso a paso, proceso que no carece de maestría en el conocimiento de las especias y demás ingredientes. En la India, la cúrcuma es omnipresente: se utiliza como medicina, tinte, especia culinaria y en los ritos de fertilidad y otras ceremonias de carácter hinduista. Desde un comienzo se la asoció con la fertilidad de la tierra y la fertilidad de la gente que la habita, adoptando debido a estas cualidades mágicas un papel importante en las tradiciones hindúes. Asociada también al sol, la cúrcuma se utiliza para frotar el cuerpo de las novias y la frente de los recién nacidos para traer suerte. El punto rojizo con el que las mujeres indias marcan su frente es una mezcla de cúrcuma y limón.

En cocina, la cúrcuma no solo otorga color, sino también un sabor cálido con notas muy suaves de naranja y tierra. Si se prueba sola, resulta algo amarga, pero tiene la capacidad de fundirse con el sabor de las otras especias e ingredientes, creando armonía y deliciosos resultados.

En la industria alimentaria occidental se utiliza en la elaboración de mantequilla, margarina y quesos, así como en mostazas, salsas, sopas enlatadas y panqués envasados. En otras partes del mundo, como Marruecos, cúrcuma y azafrán condimentan la harira, sopa de lentejas que suele comerse al final del Ramadán. También forma parte del ras el hanout con el que se preparan tajines y pastelas, entre otras recetas. Hasta los japoneses, parcos en especias aunque no en refinamiento y sabor, se dejan seducir por su dorado para preparar infusiones, vinagres, fideos y otros productos no alimentarios, como jabones, lociones y cremas.

Sus propiedades antiinflamatorias la convierten en ingrediente de jarabes para la tos, caramelos para la garganta y nebulizadores para la congestión nasal.

Los británicos tampoco lograron ignorar esta especia, pues está presente en todos sus polvos de curry y su rico piccalilli, una especie de curry en conserva vegetal agridulce que se sirve con carne fría y con quesos.

En Tailandia se cocina con zedoaria, llamada también cúrcuma blanca, especia que comparte familia con la cúrcuma pero con la que tiene poco en común. Se utiliza principalmente como espesante.

La cúrcuma, lejos de ser una especia difícil de usar, es una opción más que versátil para deshacerte del colorante alimentario, o tartrazina, que invadió de forma nefasta nuestras cocinas allá por ni se sabe cuándo, pero que se utiliza en la industria alimentaria desde 1916. Solo recientemente se ha probado lo nocivo que puede resultar, así que es hora de expulsarla para siempre de tu alacena. Tus arroces y guisados se verán incluso más atractivos, y se puede utilizar conjuntamente con el azafrán si no quieres renunciar al sabor de este.

Atrévete a poner cúrcuma a los platos con huevo. El omelette con cúrcuma y cebollín es una cena estupenda. Levanta el color de las masas dulces y saladas añadiendo un poco de cúrcuma para que el calor no las apague. Igual con los pays de frutas pálidas, como la de manzana o la de pera. Si preparas natillas o flan y presientes que el color no va a hacer justicia a tu esfuerzo, pon un poquito de cúrcuma en la leche.

Allá donde osabas utilizar colorante alimentario, utiliza cúrcuma en su lugar. Lograrás un hermoso color y aportarás a los platos todos los beneficios que posee.

Y como copiar es también una forma de honrar a los que saben, prepara leche dorada con cúrcuma, pimienta, cardamomo, jengibre, canela y clavo, y disfruta de esta bebida ayurvédica que calienta el cuerpo y apacigua el alma.

COMINO Y COMINO NEGRO PERSA

Mi recuerdo más temprano relacionado con las especias es el de mi madre tostando granos de comino en una cuchara, para luego triturarlos colocando otra cuchara encima. Era un gesto que anunciaba deliciosos guisados de carne o pescado y que no he conseguido emular, ya que opto siempre por el práctico mortero.

El comino es una especia común, insignificante a veces en la lengua popular (¡me importa un comino!), aunque esencial para nuestro especiero. Creo que incluso aquellos que no lo aman especialmente cuentan con un bote de comino en grano o molido para poder ser fiel a esta o aquella receta casera. Lo usarán con timidez, pero lo harán. Gazpacho andaluz, jitomate aderezado, escabeches, guisados de papas con bacalao, lentejas..., ¡y todos esos platos de otras cocinas del mundo que lo incluyen! Porque, ahí donde lo ves, el comino está presente prácticamente en todas las gastronomías de la Tierra.

Esta indispensable especia pertenece a la familia de las umbelíferas, como el perejil, la alcaravea, el apio y la zanahoria, y, como todas ellas, sus semillas se encuentran en flores con forma de sombrilla o paraguas (umbelas).

Su origen se encuentra en Oriente Medio, pero la India es hoy en día el mayor productor y consumidor de la especia. Se la menciona desde hace siglos en textos religiosos y tratados científicos. Ha viajado desde el antiguo Egipto —donde formaba parte del proceso de momificación— hasta las mesas de griegos y romanos, donde lucía en frascos como hoy en día nuestra sal y pimienta.

Se le atribuían y atribuyen propiedades digestivas, y durante la Edad Media se pensaba que guardando una cantidad razonable de comino en las casas, ni los pollos ni los amantes se escaparían.

No es raro verlo en los ingredientes de platos de legumbre, ya que reduce las flatulencias que estas puedan provocar, así como de carnes grasas como el cordero. Su aroma intenso, envolvente y algo terroso da personalidad a cada plato. Además, combina bien con otras especias, como las semillas de cilantro, binomio que aparece en muchas recetas indias, árabes, mexicanas y españolas, entre otras. Esta combinación sencilla pero brutal dará al instante ese toque atractivo y sabroso —casi de cuento de *Las mil y una noches*— al más humilde de los platos que prepares. La proporción más indicada es una parte de comino por dos de cilantro.

Solemos relacionar al comino con la comida de la India y de Oriente Medio y con algunos platos de la cocina tradicional española, pero también lo adoran en México, donde forma equipo inseparable con los chiles. Otro obrador de milagros para tus platos es tener un botecito de cilantro y pimienta cayena molida. Nunca será más fácil darles vida a unos huevos revueltos, salteados de carne, sobras de arroz blanco cocido o unas verduras algo anodinas que decidiste hacer al vapor sin condimentarlas. Aquí, la proporción dependerá de lo que te guste o toleres el picante, pues la cayena molida es eficaz para impartir calor, pero será el comino el que aporte más sabor. Prepara una salsa fría a base de mango, lima y esta mezcla explosiva para acompañar camarones cocidos o a la plancha, o incluso a unos tacos de atún.

Si quieres probar otras cocinas del mundo, el comino no puede faltar en tu especiero, pues será la nota perfecta para hacer hummus, baba ganoush, tajines de cordero, pollo tikka masala y un largo etcétera. En cualquier caso, es mejor tostar o freír los granos para que desarrollen todo su aroma y sabor antes de incorporarlos a tus recetas.

¿Qué es entonces el comino negro?

Pues es la manzana de la discordia, y no por elección propia, porque su parecido con el comino es tal que a simple vista no es fácil distinguirlos. Tampoco es fácil diferenciarlo de la alcaravea (se cumple aquello de que todos los parientes se parecen).

El comino negro es de origen persa. Fuera de la comida iraní solo se utiliza en algunos platos del norte de la India. Está entre el comino y la alcaravea, más terroso que el primero y menos balsámico que la segunda. Se utiliza sobre todo en platos de arroz y en algunos kormas indios. Suele confundirse con la tercera en discordia, la neguilla, a la que erróneamente se la llama comino negro a pesar de que no tienen ningún parentesco.

Los consejos de utilización del comino negro son los mismos que para el comino común: tostar o freír los granos antes de utilizarlos.

MIRTO LIMÓN

Esta agradable planta es originaria de los bosques lluviosos de Queensland, en Australia. Su nombre original era *lemon scented myrtle* ('mirto aroma de limón'), pero se abrevió por razones comerciales.

Los aborígenes australianos la han utilizado desde siempre para cocinar y como medicina. Tiene una cantidad muy alta de citral, un aceite esencial que se encuentra en el limoncillo, en la corteza del limón, en la esencia del geranio y en otras plantas. Por ello se considera al mirto el rey de las hierbas de limón, pues es el que posee un perfume cítrico más nítido y dulce. Las hojas secas y frescas se utilizan para cocinar y están presentes en la *bush food* (cocina tradicional de los aborígenes australianos).

En la industria alimentaria podemos encontrar una amplia gama de productos que la contienen, como infusiones, yogures, helados, quesos, galletas, pan, salsas, licores y conservas de pescado. Es apta para preparaciones con leche, en las cuales no se corre el riesgo de que se corte, como sí puede suceder con el limón. Su aceite esencial tiene propiedades antibacterianas, y se utiliza en la industria cosmética para hacer productos de limpieza y para aromaterapia por sus propiedades refrescantes y vigorizantes.

Esta planta no fue catalogada por los colonizadores europeos hasta el siglo XIX, a pesar de que formaba parte de la vida cotidiana de los aborígenes. Poco a poco se le

fue prestando más atención y se fueron descubriendo sus bondades tanto medicinales como culinarias. Durante la Segunda Guerra Mundial, su uso como saborizante de limón alegró algún que otro producto, y en los años cincuenta su uso comercial se amplió a la cosmética y a la limpieza. Fue a finales del siglo XX cuando el mirto limón rebasó fronteras y llegó, aunque de forma muy tímida, al resto del mundo.

En España solo se encuentra en establecimientos especializados, pero vale la pena buscarlo porque convierte nuestro fondo de especiero en algo más interesante y divertido. En dulces y salados, el mirto limón perfuma, da un agradable sabor a limón y nos abre una puerta a las tierras húmedas y frescas de la selva australiana. También puedes preparar deliciosas sopas de pescado o papillotes de camarones y merluza con esta especia. Cuenta con ella para hacer almíbares para panqué o ponla en una crema pastelera o de queso para tu próximo pay.

MOSTAZA

Estos pequeños granos de apariencia insignificante han encontrado hueco en la Biblia, en el Corán y en el budismo. Diminutos pero relevantes, encierran en sí mismos no solo una metáfora de la fe, los pecados o el tiempo, sino también amplias propiedades medicinales y un sabor y picor que han provocado devoción e incluso adicción a lo largo de la historia de la humanidad. La mostaza es una de esas especias que ya se utilizaban en tiempos remotos, como lo corroboran los hallazgos prehistóricos en grutas de Europa y China.

Existen tres tipos de mostaza dependiendo de la planta a partir de la cual se elaboran:

- *Sinapis alba*: Blanca o amarilla, se cultiva sobre todo en Canadá, pero la mayor parte de la producción se exporta a Estados Unidos.
- *Brassica nigra*: Solo se puede recoger a mano y solo se cultiva en zonas remotas.
- *Brassica juncea*: Es la más rentable. Se planta en Canadá y se exporta a Europa (Dijon, Burdeos, Düsseldorf). Esta a su vez se divide entre oriental y parda.

Todas las mostazas pertenecen a la familia de las crucíferas, como el nabo, el rábano picante o la col. Se les llama así porque los cuatro pétalos de sus flores están dispuestos en cruz.

Las semillas de mostaza contienen una buena proporción de aceite no volátil e inodoro, que una vez extraído es similar a otros aceites vegetales, como el de girasol, y es utilizado muy a menudo en las cocinas de los países productores de mostaza debido a su bajo costo. Incluso algunos aceites del mercado son mezclas de aceite de mostaza con el de otras semillas.

Además de aceite, las semillas de mostaza contienen una enzima especial y una sustancia química emparentada con el azúcar. Cuando las semillas se trituran y entran en contacto con el agua, tiene lugar una reacción química entre ellas y se produce la liberación de isotiocianatos, los mismos responsables del picor, penetrante aroma y acerbidad del wasabi y del horseradish. De hecho, es la forma tradicional de preparar la mostaza inglesa picante: se mezcla polvo de mostaza (también lleva algo de trigo y cúrcuma) con agua fría y se deja reposar entre diez minutos y una hora. No se debe esperar mucho más tiempo ni prepararse con agua caliente porque perderá su fuerza. Por eso normalmente la mostaza preparada así se añade en el último momento. La mostaza inglesa en polvo alcanzó de la mano de Colman's una popularidad impresionante. Tanto es así que ha pasado a formar parte del paradigma británico como seña de identidad, al igual que el té con leche o el *fish and chips*.

No obstante, son otras las mostazas que ocupan un lugar privilegiado en el mundo, sobre todo una en particular: la mostaza Dijon. Para entender su importancia tenemos que remontarnos a los romanos.

A lo largo de la historia, los humanos han mezclado mostaza con todo tipo de líquidos comestibles: vinagre, cerveza, vino, jugos de frutas e incluso leche. Todas ellos contienen agua.

El vinagre fue en principio un claro ganador por su contenido relativamente bajo en ácido y su alto contenido en agua. El ácido acético del vinagre funciona como fijador o freno de la reacción química, lo que permite obtener una mostaza más suave pero que guarda su fuerza más tiempo. La utilización de mosto de vino dará lugar a la palabra «mostaza» en varios idiomas: *mustus ardens* ('mosto ardiente') dará *moutarde* en francés, *mustard* en inglés y mostaza en español. Por otro lado, la antigua palabra griega *sinapis* derivará en el italiano *senape* y en el alemán *senf*.

De esta primera época de experimentación cabe destacar una salsa de mostaza romana que requería lavar las semillas, molerlas con piñones y almendras y luego mezclarlas con vinagre. Hoy una mezcla así no nos extraña ni nos sorprende porque existen cientos de variedades de mostaza, pero debió ser un hito en su época.

La mostaza conquistó poco a poco las mesas medievales, convirtiéndose de manera silenciosa y eficaz en una especia imprescindible y al alcance de todos. Eso fue sin duda parte de su éxito, pero también el hecho de ser un medicamento eficaz para tratar resfriados y dolores reumáticos y, cómo no, un poderoso amuleto. En Alemania se decía que si una novia cosía granos de mostaza en el dobladillo de su vestido sería ella quien llevaría los pantalones en casa. En Dinamarca y la India, la mostaza mantenía alejados de las casas a los malos espíritus.

Hasta el siglo XV la mostaza era barata —aunque no siempre lo fue— y se consumía en grandes cantidades. No podía faltar en los banquetes y era el acompañamiento ideal

para las carnes. Algunos de esos esplendorosos banquetes tuvieron lugar en Dijon, en Francia, donde ciudad y mostaza quedarían ligados para siempre. Hoy en día es la mostaza más conocida del mundo, e incluso se dice que es la mejor, pero eso ya es cuestión de gustos.

Fue a partir del siglo XVI cuando la mostaza se vio desbancada por todas las especias de Oriente, que llegaban de repente en grandes cantidades y costaban mucho menos que cuando eran consideradas rarezas solo al alcance de unos pocos.

Sin embargo, fue también en ese siglo en el que por fin se le dio el estatus de gremio a los *moutardiers* de Dijon, de manera que la producción de mostaza no solo quedaba protegida, sino que se realizaba bajo reglas de calidad y etiquetado. El secreto de su éxito fue algo innovador *malgré tout*. En Dijon, situada en mitad de los grandes viñedos de Borgoña, se decidió utilizar las uvas aún no maduras ya recogidas para hacer un jugo muy ácido, el agraz, que se mezclaba con las semillas de mostaza. Tras un proceso de triturado, tamizado y fermentación, la mostaza estaba lista para su envasado y venta al consumidor. A partir de este momento, Dijon desarrollaría toda una industria mostacera con nuevos sabores, añadiendo ingredientes como alcaparras, anchoas, distintas hierbas y especias, con vino, agua y vinagre y todas las combinaciones posibles.

El único rasgo en común que tienen las mostazas europeas es que todas se realizan con la *Brassica juncea*, aunque cada uno utiliza distintos tipos de molienda, lo que da lugar a las más variadas y sabrosas mostazas.

Como especia, las semillas de mostaza se pueden utilizar en distintas recetas sin transformarlas en salsa, simplemente como se utiliza la pimienta o el ajonjolí. Opcionalmente, se pueden tostar o freír, con cuidado de retirarlas del fuego cuando empiecen a crepitar si no quieres que salten del sartén como si fueran palomitas. El calor realza su sabor, que recuerda a los frutos secos: desarrollan un ligero toque a nueces tostadas. En la cocina india son esenciales tanto en guisados como en entrantes y salsas. En ningún caso picarán, pues se utilizan enteras y no tienen realmente contacto con agua. Quizás en la boca, al masticarlas, sí podemos encontrar un rastro de ese sabor fuerte, pero no están tanto tiempo en contacto con la saliva como para que los isotiocianatos hagan su aparición.

En Europa, las semillas de mostaza se utilizan en conservas, salchichas y ensaladas de papa y de col. Además, se combinan semillas y salsa de mostaza para hacer vinagretas.

Se puede utilizar mostaza en carnes o pescados a la plancha. También resultará deliciosa en ensaladas y en arroces, siempre tostadas, eso sí.

Sin embargo, lo más interesante de la mostaza es aventurarse a hacer nuestra propia salsa de mostaza, tomando como ejemplo las mostazas alemanas con curry y las francesas con estragón. ¡Anímate a hacer la tuya propia!

CÓMO PREPARAR MOSTAZA

Primero trituramos, las semillas recordando que las negras o pardas son más fuertes. Luego las mezclamos con agua, leche o cerveza, y dejamos que el tiempo y la reacción química hagan su magia y se desarrolle el picor. El líquido inicial puede ser agua (dará un gusto más áspero), leche (dará un toque más especiado) o cerveza (dará una mostaza más picante). Se recomienda que este primer paso no dure más de 10 minutos y se frene con la incorporación del ácido, pero si se quiere una mostaza más suave, podemos dejar reposar la mezcla hasta 1 hora.

A continuación, añadimos un vinagre de nuestra elección. También podría ser vino o cualquier otro líquido ácido.

Y, a partir de aquí, imaginación al poder: somos libres de añadir lo que queramos.

Con la salsa de mostaza se pueden hacer vinagretas, marinados, salsas para carnes, pescados y verduras, mayonesas sorprendentes y una combinación simplemente ideal para las papas cocidas o asadas: mostaza y yogur.

LAUREL Y LAUREL INDIO

Es curioso que siendo una de las plantas culinarias más conocidas, sobre todo en el mundo occidental, la mencionemos en el último momento, pero tiene un sentido: ahora estamos hablando de los productos indispensables en nuestro fondo de especiero. Por muy imprescindible que sea, no obstante, tendemos a olvidarla: sus hojas secas de un verde militar desgastado yacen siempre en el fondo del clóset con el resto de las especias, o están muy a la mano, cerquita de la sal y de la paprika para que no se nos olvide echarlas en las lentejas, en los guisados de papas o en las sopas de pescado. Y, sin embargo, ostenta el nombre botánico de *Laurus nobilis* (laurel famoso, bien conocido). El laurel es especia, medicina y baúl de leyendas, fábulas y simbolismo mágico-religioso.

Apolo, el dios griego de la música, las profecías y el sol, tuvo una discusión con su padre Zeus, que lo echó del Olimpo y lo obligó a vivir entre los mortales. Según cuenta la leyenda, Dafne, una de las ninfas que acompañaban a la diosa Artemisa, intentó sin mucho éxito librarse del acoso de Apolo, quien con que verla se había enamorado de ella perdidamente. Desesperada, Dafne pidió ayuda a su padre y este la convirtió en planta de laurel para proteger su virginidad. Pero Apolo no se dio por vencido: se llevó el laurel con él, adornando a partir de ese momento su cabeza con las hojas.

Así, el laurel se convierte en la representación de las artes y las letras. Aún hoy en día se usan expresiones como «laureado» o «llevarse los laureles» como símbolo de

éxito. Además, del latín *baca lauri* ('bayas de laurel') procede el título *baccalaureate*, relacionado con la graduación en algunos países, y también el vocablo «bachillerato», igualmente relacionado con los estudios.

Como si esto fuera poco, el laurel simboliza algo más profundo, relacionado con sus propiedades medicinales. Se dice que a quien duerme sobre hojas de laurel e inhala sus especiados vapores sus sueños se le hacen realidad. En Delfos, el oráculo más conocido de Apolo, el laurel juega un papel muy importante para la sacerdotisa Pitonisa: quien recibía una respuesta positiva de ella era coronado con hojas de esta planta.

El laurel también se consideró símbolo de victoria en los juegos atléticos predecesores de los Juegos Olímpicos. Incluso simbolizaba éxito militar, aunque dicen las malas lenguas que en el caso de los romanos la corona de laurel servía para disimular alguna que otra noble calvicie.

Las hojas de laurel son recolectadas del hermoso árbol de laurel, originario de toda la costa mediterránea, aunque hoy en día se planta en muchas partes del mundo. Luego se dejan secar antes de ser consumidas.

El laurel se utiliza sobre todo en platos salados, pero existen algunas recetas de postres con leche en las que se utilizan las hojas de laurel infusionadas. Se consume seco, ya que fresco resulta a veces amargo y menos perfumado; además, puede resultar tóxico. Es ideal para platos de larga cocción, sobre todo si hay líquido en la preparación, pues poco a poco va soltando todo su sabor. Tampoco es conveniente tenerlo eternamente en la cazuela, y se recomienda retirarlo cuando el plato se ha terminado de cocinar. En mi casa, si la hoja de laurel del guisado te caía en el plato, se decía que te ibas de viaje, por lo que siempre se procuraba que no se quedara en la olla.

Toda la cocina del Mediterráneo cuenta con el laurel como uno de sus principales condimentos. En la cocina francesa forma parte del *bouquet garni* y no puede faltar en la bullabesa, una de las sopas de pescado más conocidas.

Nuestros guisados serían impensables sin su par de hojas de laurel, y los escabeches menos aún. Su uso en nuestra cocina es tan antiguo que es casi imposible fechar cuándo empezó a utilizarse, pero se cree que la presencia romana tuvo mucho que ver, pues en su cocina era de una relevancia total, como lo muestra el *De re coquinaria,* de Apicio, datado en el siglo I d. C., un tratado de cocina de lo más interesante en cuanto a ingredientes, recetas y métodos de cocción. En él se menciona el uso de las bayas, de las hojas e incluso de las ramas más finas del laurel.

En otras cocinas también resulta indispensable. Importado sobre todo de Grecia y Turquía, el laurel irrumpe en la cocina del norte de América con fuerza, en sopas, guisados, marinados. También lo encontramos en conserva y en la mezcla para curar el *corned beef*, que aunque no es una receta norteamericana, está entre sus favoritas. Consiste en cortes de ternera que se han tratado primero con salmuera y luego se han cocido a fuego lento en vinagre. Se sirve en rebanadas, pero quizás su forma de presentación más conocida sea en lata. Irlanda fue uno de los principales productores; desde allí, el producto se exportó a países como Uruguay y Argentina, donde la famosa lata de *corned beef* se hizo muy popular. En origen era un producto para las clases más pobres, pero alcanzó todas las mesas del mundo, incluso la de la realeza británica. Tiene sus seguidores y sus detractores. Me declaro de los primeros: en la cocina local de La Línea de la Concepción, donde me crie, no faltan recetas en las que se le incluye, producto sin duda del contacto social, histórico y económico con la vecina Gibraltar.

Procura comprar hojas de laurel que estén verdes y no amarillentas. Con un par es suficiente, pero si las vas a utilizar enteras, es mejor en aquellas recetas que requieran líquido. Para el marinado puedes trocear las hojas o utilizar laurel molido, aunque de este último adquiere poca cantidad y úsalo pronto porque pierde con facilidad el aroma, ya que sus aceites esenciales son muy volátiles.

Es un clásico para hacer vinagres o aceites aromatizados, imprescindible en escabeches de perdices o bonito, en conservas de verduras o aceitunas y en asados de carne o pescados a la parrilla. Sin embargo, son dos los recuerdos que tengo relacionados con el laurel en la cocina: para hervir la pasta y para cocer mariscos. Las dos preparaciones me sorprendieron cuando las descubrí, pues en casa nunca se había usado el laurel de esa manera. Cocer la pasta con laurel le daba un plus a la receta sencilla pero sabrosa que se hacía en mi piso de estudiantes. Lo de los mariscos fue otro cantar. En casa se comían mariscos, pero mi padre solo le ponía sal una vez ya cocido. Aprendí esta idea en una boda familiar en Portugal. Para el banquete se cocieron los mariscos con hojas de laurel y cebolla. Quedó delicioso.

Lo más curioso del laurel es que en otros idiomas hace referencia a otras plantas que no tienen nada que ver con él, pero que por su uso o aspecto se le parecen. Es el caso del llamado laurel indio, el cual procede de un tipo de cinamomo (*Cinnamomum tamala*). Se le conoce también como hojas de canela, hojas de casia, malabathrum y hoja malabar, mientras que los indios lo llaman *tejpata*. Se caracteriza por tener unas hojas similares a las del laurel pero más grandes, de un verde oliva y atravesadas de punta a punta por tres nervios.

En la antigua Grecia y Roma se utilizaban para preparar un aceite perfumado (*oleum malabathri*), y en ayurveda se utiliza desde hace miles de años para tratar indigestiones, infecciones, problemas con el sueño y diabetes. En gastronomía son muy utilizadas en la cocina mogol del norte de la India, en Nepal, y como infusión en Bután. Mientras que el laurel mediterráneo tiene notas de pino y limón, las hojas de laurel indio confieren un aroma a casia.

Los arroces preparados con estas hojas resultan deliciosos, así como los kormas, que son guisados indios preparados con frutos secos.

La corteza de esta planta también se utiliza, pero se considera de menor calidad que la canela o la casia. Si estás siguiendo una receta india, nepalí o pakistaní en inglés y te pide *bay leaf* sin más información es probable que se trate de laurel indio.

AZAFRÁN

La mitología griega y romana está llena de historias sobre persecuciones y raptos, imposiciones, castigos y cautiverios. A menudo provocados por el deseo ardiente o el amor de los protagonistas, estos suelen acabar transformándose en plantas o animales, siendo expulsados del Olimpo o simplemente muertos.

El azafrán también tiene su historia de amor en el fabuloso y a veces terrorífico universo mitológico. Krocus, un pobre mortal, estaba obsesionado con la ninfa Smilax, quien lo rechazaba una y otra vez. Un buen día, Smilax decidió sucumbir a su deseo, y Krocus, en pleno ardor, se desvaneció y resurgió transformado en el primer *Crocus sativus*, nombre científico del azafrán. Se dice que sus rojos estigmas simbolizan el ardiente amor de Krocus.

No es esta la única leyenda que establece un vínculo entre el azafrán y el amor carnal. La mismísima Cleopatra se acicalaba con agua de azafrán antes de disfrutar de

Azafrán (izquierda) y Cártamo (derecha)

una larga noche de pasión. De hecho, es la especia a la que más propiedades afrodisiacas se le atribuyen. Esto tiene mucho que ver con que en la actualidad siga siendo la especia más cara del mundo.

Como otras especias costosas y maravillosas, el azafrán se encuentra rodeada de misterio. Tiene propiedades medicinales y desde el punto de vista culinario es una de las especias más interesantes que existen.

Si se conocen un poco los métodos de cultivo del azafrán, su precio está más que justificado. Se llama azafrán a los tres estigmas del *Crocus sativa*, una hermosa flor de color púrpura que se recolecta antes del amanecer para que sus pétalos no se marchiten con el calor del día. La recolecta de flores de azafrán es laboriosa y tiene lugar de manera intensiva en un plazo aproximado de dos semanas durante el otoño. Una vez recogidas las flores, se extienden en una superficie seca y se mondan en el plazo de doce horas. La monda del azafrán requiere destreza porque hay que retirar los pétalos y arrancar los tres estigmas por donde empiezan a blanquear, evitando que se separen. Estos estigmas se solían tostar a ojo en cedazos metálicos, pero ahora, si se quiere que la producción se acoja a la denominación de origen, el tueste se hace en unos hornos a temperatura constante de 80 °C durante unos 20 minutos. Además, todo aquel que lo manipule debe cumplir unas normas y protocolos de higiene muy estrictos. En otros países productores, como Irán, de donde se cree que es originario, los estigmas se tuestan al sol durante varios días, y se cree que este proceso les hace perder parte de sus cualidades.

Lo cierto —y esto se hace extensivo a todos los países productores de azafrán— es que son muchos los factores que determinan la calidad de esta especia: clima, terruño, regadíos, monda, secado, tueste y envasado. España e Irán son los principales productores. Por detrás se encuentran la India, Grecia, Italia, Turquía, Francia y Afganistán, que mantiene un dilema constante entre el cultivo de azafrán y de opio.

También es importante la capacidad de tinción de los estigmas, lo que depende también del número de extremos amarillos que posea la flor. Cuanto más rojo, mayor capacidad de tinción tendrá y también más sabor. Cada país productor establece en este punto distintas calidades: coupé, neguín, sargol, etcétera.

El azafrán español, en particular el de la Mancha, se considera el mejor del mundo por su aroma floral —menos terroso que el de otros azafranes—, que adquiere con el tueste y con la elección de los mejores estigmas.

Antiguamente también se cultivaba azafrán en Inglaterra. En el escudo de Saffron Walden, ciudad situada en Essex, se pueden ver tres flores de azafrán, recuerdo de que a partir del siglo XIV se cultivaba azafrán en la zona. Dice la leyenda que un peregrino robó una flor en Tierra Santa y la plantó en Saffron Walden. Sus descendientes no solo usaron azafrán para hornear bollos y panes, sino también para teñir telas. Sin embargo, hacia principios del siglo XIX el cultivo terminó desapareciendo y con él el consumo de tan apreciada especia.

También es muy apreciado el azafrán de Cachemira. En cuanto al azafrán iraní, lo hay de mucha calidad, pero por desgracia se ha visto denostado por la propia picardía de envasadores sin escrúpulos que lo han hecho pasar por azafrán español, no siempre eligiendo los mejores estigmas.

Dado su elevado precio, el azafrán se ha intentado adulterar desde hace siglos, pero no solo cambiando un tipo por otro, sino de formas mucho más graves. Ya se trataba esta cuestión en tiempos de los romanos: los estigmas de azafrán se mezclaban con otras partes amarillas de flores como la caléndula o el cártamo, e incluso se ponían los estigmas de azafrán en aceite para que lo absorbiera y pesaran más. Si se trataba de azafrán molido, el engaño estaba asegurado. Durante la Edad Media, esto supuso un gran motivo de preocupación, sobre todo para los mercaderes de Italia y Alemania, quienes no querían ver su reputación mancillada. Tanto es así que se crearon dispositivos especiales para inspeccionar todo el azafrán con el que se comerciaba.

El *safranschau* (tribunal del azafrán) operaba en Alemania hacia el siglo XV, y el castigo que infringía por adulterar el azafrán era quemar al delincuente vivo en la hoguera. Con el tiempo, los castigos se suavizaron hasta quedar en multas y en la confiscación de todos los bienes de aquel que osaba adulterar azafrán.

Es interesante aunque sorprendente que aún podamos confundir las hebras de azafrán con los pétalos de cártamo, conocidos también como azafrán canario, pues en las Islas es de uso común para dar color a los guisados, aunque carece del sabor y olor penetrante del azafrán. Su bajo precio, por tratarse de un cultivo muchísimo más sencillo, es una de las claves para distinguirlo. Por otra parte, al igual que en otro tiempo, sigue siendo desaconsejable comprar azafrán molido.

El oro rojo, nombre que reciben los apreciados y costosos filamentos de color fuego, es un tesoro de la naturaleza. Se necesitan miles de flores para obtener pocos gramos de azafrán, unos siete mil para obtener quinientos gramos. En el secado y en el tueste, su volumen y su peso se reducen notablemente, haciendo de su producción una tarea hercúlea. El final de la cosecha, como es de esperar, se celebra por todo lo alto.

Aunque de corta duración, es una labor exhaustiva que requiere mucha mano de obra paciente y eficaz. Como hace miles de años, el azafrán se recolecta a mano. La mecanización de la cosecha queda fuera de la ecuación si se quiere garantizar la calidad del producto, ya que las flores correrían el riesgo de ser dañadas. No obstante, se sigue investigando sobre procesos mecánicos de recolección de flores de azafrán porque los costos de producción podrían verse notablemente reducidos.

Con la llegada a Europa del azafrán de manos de los árabes entre los siglos VIII y IX, se produce un encuentro que marcó nuestra gastronomía para siempre. Los árabes trajeron el arroz a la zona de Valencia, donde proliferó y se convirtió en uno de los cultivos más importantes. En otras cocinas, como la iraní o la india, el uso del azafrán en el arroz no es nuevo, pero en nuestra tierra daría origen a la consagrada paella, plato que en las últimas décadas se ha visto comprometida por la utilización de colorantes alimentarios (tartrazina), a veces mezclados con otras especias bajo el epígrafe de «sazonador de paellas». Los italianos con su arroz a la milanesa o los franceses con su bullabesa de pescado parecen encontrarse muy lejos de tales atrevimientos, pues ambos platos son señas de identidad de su cocina.

Quizás la popularidad de la paella entre las hordas de turistas y la actitud poco cuidadosa de algunos restauradores, más preocupados por costos y beneficios que por el sabor del plato, han dado vía libre a este colorante, que ha transformado una receta rica en sabor y en historia en una mera caricatura de un naranja chillón nada apetecible. Afortunadamente, las acciones tomadas por la Organización de Consumo y la denominación de origen están consiguiendo que se reduzca o se prescinda de tales colorantes, potenciando el uso de azafrán no solo para paella, sino también para cientos de recetas dulces y saladas que siembran nuestros libros de cocina y las nuevas creaciones de nuestros cocineros y cocineras más innovadores.

Y es que el color amarillo que el azafrán aporta transforma los platos en suculentos manjares. También lo hacen su aroma y su sabor. El responsable del tinte del azafrán es la crocina, que además tiene unas propiedades medicinales sorprendentes, al igual que el safranal, el otro componente principal de esta especia. El azafrán ha formado parte de farmacopeas antiguas, como en Grecia, China y Roma, donde se usaba para purificar el aire.

En la medicina tradicional persa, el azafrán se usa para tratar la depresión, lo que ha hecho que otros investigadores prueben su valía en este campo. Los resultados lo han igualado al Prozac, medicamento ampliamente utilizado, sobre todo en Occidente, cuyos efectos secundarios han hecho estragos en muchos pacientes. Los componentes del azafrán protegen los niveles de nuestros químicos cerebrales, tales como la serotonina, dopamina y norepinefrina, los cuales equilibran nuestro estado anímico. Otros estudios aseguran que el azafrán está indicado para controlar la arteriosclerosis, el alzhéimer, las dolencias menstruales, el síndrome premenstrual, la disfunción eréctil, la ansiedad y el insomnio.

Como tinte, el azafrán tuvo una gran relevancia en Europa, pues se utilizaba para teñir prendas para la nobleza y la realeza. En la actualidad, los monjes budistas visten ropas teñidas de azafrán con su inconfundible amarillo.

Su uso culinario es más evidente en las zonas donde se cultiva. Además de los platos ya mencionados de España, Francia e Italia, Irán cuenta con una buena cantidad de recetas en las que se usa azafrán, pero también otros alimentos y bebidas en los que la especia aporta color (terrones de azafrán) y sabor (té con azafrán). En la cocina india se utiliza en los biryanis (platos de arroz con verdura, carne o pescado) y en postres como el kheer (arroz con leche especiado) o el shrikhand (yogur con azafrán, miel, cardamomo y frutos secos).

Los escandinavos celebran el día de Santa Lucía el 13 de diciembre horneando unos bollitos de azafrán (*lussekatt*), servidos tradicionalmente por las hijas, ataviadas de blanco y portando una vela y una corona de arándanos rojos.

El azafrán suelta todo su color y su sabor en líquidos, por eso es aconsejable infusionarlo en un poco de agua caliente al menos 20 minutos. En los primeros minutos de contacto con el líquido —también puede ser leche, caldo o vino— veremos «sangrar» al azafrán, hasta obtener una infusión de un amarillo intenso. En algunas recetas se infusiona en mantequilla derretida, lo que es posible por el contenido en agua que tiene, pero no es aconsejable hacerlo en aceite ni echarlo directamente en el sofrito, pues las hebras se volverán impermeables, impidiendo el sangrado y, por ende, la posibilidad de liberar las sustancias volátiles responsables de su aroma y sabor. La costumbre de tostar ligeramente las hebras de azafrán antes de utilizarlo es una práctica arriesgada e innecesaria, ya que es muy fácil quemarlo.

En repostería, el azafrán se lleva de lujo con los lácteos, lo que lo convierte en un ingrediente ideal para postres como el arroz con leche, las natillas y los flanes.

Además de la combinación ganadora arroz-azafrán, puedes utilizarlo en la salsa de almendras para las albóndigas de cordero, en veloutés de mariscos para rellenar crepas y en la bechamel para croquetas de pescado.

Y para las noches de inquietud e insomnio, prepara una deliciosa infusión con cuatro o cinco hebras para soñar con los campos púrpura del azafrán y sus espléndidas leyendas.

HINOJO

El hinojo es de las pocas plantas que es al mismo tiempo verdura (bulbo), hierba (hojas) y especia (semillas). Los bulbos se consumen crudos en ensaladas o cocinados en risottos, cremas de verdura o asados. Los tallos sirven de lecho para pescados asados, y sus hojas frescas picadas para aromatizar verduras al vapor.

Sin embargo, son las semillas las que encierran más sabor y propiedades medicinales. En la Antigüedad se tenía la profunda creencia de que curaban la ceguera. A pesar de no ser cierto, son otras muchas las propiedades que posee esta pequeña semilla pariente de otras umbelíferas, como el comino y la alcaravea. Entre estas propiedades, la más conocida es que alivia la indigestión, de ahí que se utilice a menudo en guisados

de legumbres. También reduce las flatulencias y los dolores menstruales, así como la inflamación en casos de artritis o de glaucoma. Quizás nuestros ancestros no estuvieron tan lejos de la verdad sobre el hinojo.

En griego recibe el nombre de *marathon*, un municipio del Ática Oriental, tal vez porque allí fue donde los griegos vencieron a los persas y el hinojo abunda en esos lares. Luego adoptaron la planta como símbolo de victoria y éxito.

Todas las partes del hinojo tienen un sabor anisado que recuerda al regaliz, pero es en las semillas donde se encuentra la mayor concentración de anetol, el aceite esencial responsable de este familiar sabor dulzón. Sus semillas son tan versátiles como el comino. Podemos encontrarlas en varias recetas distintivas de la cocina italiana, como sus salchichas o porchetta, y también aromatiza la sambuca. Los franceses usan las semillas, además del bulbo y los tallos, sobre todo para salsas y platos de pasta.

Es común encontrar semillas de hinojo entre los ingredientes de un curry indio y del pan masala, una mezcla de semillas confitadas que se toman después de comer para facilitar la digestión, o de su otra popular y deliciosa mezcla panch puran, la cual aromatiza rellenos de samosas y otros entrantes indios. También se usa mucho en la elaboración de panes y dulces alemanes, en recetas agridulces chinas y en mezclas de especias para el pan con aceite.

En España, los tallos y las semillas de hinojo se utilizan en la elaboración de aceitunas. Asimismo, se usan mucho en la gastronomía murciana, donde se utilizan sobre todo para platos de pescado, caldos de hinojo y collejas o habichuelas.

En la tradición gitana española, el hinojo ocupa un lugar especial, sobre todo el que nace silvestre, cuya recolección se convierte en motivo de reunión familiar y de fiesta, quizás como recordatorio de tiempos antiguos de pastoreo y de vida nómada. Se recogen los brotes tiernos, se cortan a mano, se lavan bien y se cocinan como si fueran espárragos en arroces, guisados de carne o ensalada.

Si quieres experimentar en la cocina con las semillas de hinojo, nada más fácil que pintar con huevo algún pan tipo focaccia y colocar encima unas semillas, para luego hornearlo unos minutos y transformarlo en algo especial. Añade semillas de hinojo a la ensalada de frutas, a los huevos revueltos o a cualquier guisado de legumbre. Se pueden utilizar también como las semillas de anís, así que puedes ponerlas en donas, panqués, pestiños etcétera.

Si quieres marinar aceitunas, ponlas en un recipiente con un buen chorro de aceite de oliva y una cucharadita de hinojo, otra de orégano y otra de tomillo, todas en polvo. Añade también unos taquitos de queso feta.

Para corroborar sus propiedades digestivas, te invito a que prepares una infusión de semillas de hinojo (con una cucharadita es suficiente).

Por último, decirte que si vas a utilizar hinojo molido en alguna receta, mejor muele las semillas en el momento de usarlas, porque el hinojo pierde con mucha facilidad su aroma.

CLAVO

Esta pequeña flor sin abrir, seca, oscura y de olor penetrante, estaba destinada a llevar sobre sí todo el peso de un pasado convulso, lleno de intereses económicos y confrontaciones de poder. Los árboles sagrados donde crecían como medicina para el alma y el cuerpo fueron testigos de cómo el deseo de los poderosos se alejaba de todo posible misticismo. Una vez descubierto su origen por parte de los europeos, como sucedió con otras especias como la nuez moscada, la canela o la pimienta, el clavo se convirtió más que nunca en una valiosa mercancía por la que valía la pena derramar sangre, sobre todo la de aquellos que cultivaban la tierra e intentaban preservar el sagrado cultivo.

El lugar de origen del clavo de olor son las Molucas, también conocidas como las islas de las Especias, lugar remoto y secreto para muchos, lugar sagrado para los lugareños y tierra fértil que permitía un floreciente y pacífico comercio entre sus habitantes y algunos mercaderes extranjeros, principalmente provenientes de China o la India. De allí el clavo emprendería un largo camino hasta alcanzar otras partes del mundo.

En la India, además de servir de condimento para curries, chutneys y otras exquisiteces, eran indispensable en la medicina ayurvédica. En ayurveda, el clavo ayuda a facilitar la digestión, reduce los molestos gases y mejora la circulación. También se utiliza para mantener unas encías sanas.

En China, durante la dinastía Han, ningún miembro de la corte imperial se podía acercar al emperador sin antes meterse un clavo de olor en la boca, ya que su intenso aroma mantenía el aliento fresco y limpio. Hoy en día, en varias partes de Asia, se mastican clavos para refrescar el aliento tras las comidas y no es de extrañar encontrar clavo en las farmacias tradicionales chinas, pues conocen bien las propiedades de esta aromática especia.

El hacedor de milagros es el eugenol, el aceite esencial que se extrae del clavo, de fuerte olor y propiedades anestésicas. Aún decimos aquello de «ponte un clavo en la boca si te duelen las muelas». No es de extrañar que hasta hace muy poco los dentífricos y otros productos para el cuidado bucal lo tuvieran entre sus ingredientes, y que las clínicas dentales olieran a clavo. Sin embrago, la intolerancia de algunos pacientes a este aceite ha hecho que se sustituya por otros componentes igual de eficaces.

Su reputación como anestésico y antiséptico eficaz viajó de Asia hasta otras partes del mundo y muy pronto caló en Europa. En la Edad Media, el clavo y su aceite fueron ganando adeptos no solo como medicina, sino como ingrediente indiscutible de platos festivos de pescado, rellenos de carne, dulces y, en especial, tisanas y vinos especiados. Durante el siglo XIII, la aristocracia llevaba bolas de sustancias aromáticas mezcladas como amuletos potentes. Se llamaban manzanas de ámbar (del francés *pomme d'ambre*; en inglés, *pomander*) y entre otras cosas, como el ámbar, contenían clavo. Se utilizaban contra la peste y los malos olores provocados por la falta de higiene y la contaminación del aire, y se hicieron muy populares en los siglos siguientes. Podían ser de plata, de oro o de madera —e incluso de piedras preciosas—, con pequeños huecos o compartimentos para meter las especias. Hoy también se pueden conseguir de cerámica o de porcelana. Otra opción actual muy habitual es crear una insertando clavos de olor en naranjas y limones; se suelen colgar en armarios o como decoración navideña en árboles y puertas. Si te animas a hacer una, escoge una naranja de piel fina y ve introduciendo los clavos muy juntos hasta cubrir toda la superficie. ¡O puedes usar los clavos para crear un patrón! Después, átala con un lazo y deja que se seque. Verás que seguirá encogiendo a medida que se deshidrata, dejando un olor muy agradable en la habitación.

Hacia principios del siglo XVII, la reputación del clavo y su lucrativo comercio acrecentaron la carrera por las especias, emprendida en primer lugar por españoles y portugueses. Estos últimos serían los primeros europeos en localizar las misteriosas islas Molucas y sus protegidos y preciosos árboles de clavo. Los portugueses pronto se hicieron fuertes en una de las islas, Ternate, pero su explotación ya violenta no sería nada comparada con la que vendría después. Ni siquiera los ingleses pudieron con la fuerza bruta de los holandeses, con barcos más rápidos, una flota militar imponente y pocos escrúpulos a la hora de tomar el control de las islas. Siendo estas pequeñas pero muchas, centralizaron la explotación del clavo en dos de ellas. En las otras talaron los árboles y prendieron fuego a las plantaciones, lo que provocó una continuada lucha y resistencia por parte de los lugareños, que no solo vieron afectado su floreciente y pacífico comercio de siglos de antigüedad, sino que sufrieron una profunda herida debido al enorme número de bajas a manos de la Compañía de las Indias Occidentales (VOC), empresa holandesa que mantuvo el monopolio del comercio de las especias hasta bien entrado el siglo XIX.

Ni toda la fuerza ni el poderío militar de la VOC pudieron evitar que el francés Pierre Poivre, un misionero francés que cambió el evangelio por el comercio de especias, sacara de contrabando unos plantones de clavo y de nuez moscada. A mediados del siglo XVIII consiguió sacar el cultivo de clavo adelante en Mauricio, colonia francesa, y más tarde en otras colonias como Reunión, Cayena y Martinica.

A principios del siglo XIX, el jeque de Zanzíbar promovió el cultivo sistemático del clavo, cuya producción creció tanto que acabó no solo con el monopolio holandés, sino que además colocaría Zanzíbar como principal productor, con el 70-80% de la producción mundial de clavo que ostenta en la actualidad. Paradójicamente, parte de esta producción está destinada a Indonesia, su lugar de origen, ya que los cigarrillos de clavo llamados Kretek son muy consumidos, y la producción local no basta para satisfacer la demanda.

El clavo está presente en la mayoría de las cocinas del mundo, desde el garam masala y el curry indios hasta mezclas de especias, como las cinco especias chinas, el ras el hanout marroquí y el berbere de Etiopía. También se utiliza en Estados Unidos para dulces, salsas y su famoso jamón asado, al que se le introducen en la superficie cortada en diamante un buen puñado de clavos. La cátsup y la salsa Worcestershire también llevan clavo. No faltan los dulces navideños con clavo, como el pudin de Navidad inglés, el stollen alemán o las galletas belgas espéculos. Tampoco podemos olvidar el vino caliente, tan habitual en los mercadillos navideños de varios países de Europa.

En la gastronomía española no faltan recetas con esta especia, sobre todo de escabeches o de carnes guisadas a fuego lento, en los que los clavos se añaden clavados en una cebolla para que poco a poco vayan soltando su sabor y perfume.

El clavo es una especia intensa y cabe ser prudente a la hora de utilizarlo en nuestras comidas. Una vez terminada la cocción, se recomienda retirarlos, pues encontrarse un clavo y morderlo por accidente no es una experiencia agradable, ya que su fuerte sabor inundará nuestro paladar y nos dejará la lengua algo adormecida. Muy fácil: cuenta los clavos que vas a utilizar antes de echarlos y así sabrás cuántos tienes que retirar después.

Para repostería es mejor utilizarlo molido porque se integrará mejor en las masas de galletas o panqués, pero siempre que puedas, utilízalo entero. Cómpralo sin grietas, grandecitos, que no tengan un aspecto mustio como de haber encogido por el paso del tiempo. En un bote hermético duran mucho. Si prefieres prescindir del molido, dos o tres machacados en un mortero bastarán para una receta dulce.

El clavo combina bien con muchas especias, pero forma un gran equipo con sus compañeros de aventuras: la canela, la nuez moscada, la pimienta y el jengibre.

Si un día necesitas pimienta gorda para una receta y no tienes, puedes sustituirla por la siguiente fórmula: una parte de nuez moscada, dos partes de canela y dos partes de clavo.

Prepara un marinado para costillas añadiendo un poco de clavo a tus especias favoritas o clava dos o tres en un pollo que vayas a asar. Si asas camotes pelados y troceados, espolvorea sobre ellos un poco de jengibre y de clavo. Te servirán de guarnición, o puedes triturarlos y utilizarlos como relleno de tartaletas o crepas.

Para las tardes frías de peli y sofá, prepara un delicioso chai masala, probablemente el té más conocido junto con el Earl Grey. Si eres más de chocolate caliente y quieres darle un toque especial a tu bebida, mezcla las siguientes especias, ponlas en un bote dosificador y espolvorea tu taza con ellas: tres cucharadas de canela, una cucharadita de clavo, una cucharadita de cardamomo molido y media cucharadita de cayena molida.

MENTA

El sabor de la menta es probablemente uno de los más reconocibles que existen, ya que está presente en caramelos, chicles, bebidas, helados y en la mayor parte de los dentífricos. Es un sabor con el que uno está familiarizado desde pequeño, aunque nos llegue primero a través de los dulces y no de elaboraciones como sopas, salsas o guisados.

También es una de las plantas con la que se crece si se tiene patio o un rincón con macetas; raro será que al menos una no sea de menta. Su fresco olor y sabor son fáciles de adoptar, y está en la memoria olfativa y gustativa de gran parte de la población mundial.

Ahora bien, hablar de la menta o de la familia de las mentas podría llevarnos un buen rato, pues es una planta que hibrida con mucha facilidad y crece cultivada y silvestre allá donde haya luz y agua. Se dice que hasta seiscientas plantas responden al nombre de «menta», pero me quedo con tres, pues son las más reconocibles, habituales y fáciles de usar: la menta piperita, la *Mentha spicata* o hierbabuena y la *Mentha pulegium* o poleo.

La primera, que contiene un gran contenido en mentol, es la que más se utiliza para elaboraciones dulces, chicles, jarabes, licores y caramelos, como los que tomamos cuando queremos refrescar el aliento o los bastoncitos rojos y blancos que se comen en Navidad. Es precisamente su contenido en mentol lo que la hace propicia a alinearse con el azúcar o el chocolate, y es en su forma de crema, licor o jarabe como está presente entre los habituales ingredientes de repostería o en las coctelerías.

La hierbabuena, sin embargo, se utiliza poco en dulces, siendo más versátil para preparar platos salados. Su bajo contenido en mentol la hace menos invasiva y fría —por así decirlo— en platos donde comparte espacio con otras hierbas o especias. Guarda una nota de frescor, pero al mismo tiempo tiene matices dulces.

Cuando en una receta salada se pide menta, lo más probable es que se refiera a la hierbabuena y, salvo en contadas ocasiones, no es aconsejable sustituirla por otra. Fresca o seca queda bien en preparaciones que lleven jitomate, como la sopa de mi madre, a la que la hierbabuena se le añade en el último momento, poco antes de servirla con huevo duro cortado en rodajas. Lo mismo se hace con los pucheros en Andalucía y Canarias. Recuerdo que las matitas recién cogidas y enjuagadas reposaban en un platito en la mesa; no era hasta que mi madre había servido la humeante sopa en nuestros platos que cada uno tomaba la cantidad deseada para añadirlas a la comida.

Presente en toda la zona del Mediterráneo, también la vemos en recetas asiáticas y en Estados Unidos. No puede faltar en Oriente Medio para la elaboración de köftes (albóndigas), ni en la India para sus raitas (salsas de yogur) o en el chaat masala para las legumbres. Marruecos, Turquía e Irán también hacen buen uso de esta versátil hierba, así como Malasia, en donde se usa para aromatizar la sopa con fideos laksa.

Los ingleses elaboran su famosa salsa de menta para el cordero, introducida en Estados Unidos pero en forma de gelatina. A su paso por Bretaña, Astérix se lamenta del uso de la menta para el jabalí hervido: ¡pobre animal! La salsa de menta y, más aún, el *mint jelly* son sabores adquiridos, pero hacen más llevadera la ingesta de carnes grasas como el cordero. Yo encuentro deliciosa la salsa y, aunque me declaro fan de la gelatina, la prefiero fría, con frutas y como postre.

No podemos olvidar dos bebidas con hierbabuena que hacen nuestras delicias, sobre todo en verano: el popular mojito y el imbatible té marroquí, que puedes preparar casero con menos azúcar, o incluso prescindir de ella..., ¡y te quedará igualmente

delicioso! Teniendo como base té verde y hierbabuena, puedes realizar variaciones a tu gusto, añadiendo cedrón, ajenjo o rosas.

Me gustaría hacer una mención especial a otro coctel, recuperado recientemente, que se prepara también con hierbabuena: el julepe de menta. Durante el siglo XVIII aparece por primera vez en un recetario inglés de combinados, aunque es típico del sur de Estados Unidos. Se prepara con bourbon, azúcar, agua y hierbabuena, en vasos de plata o peltre llenos de hielo picado, los cuales se toman por la base y por el borde superior para no transferirles el calor de las manos. Además, se utiliza una cuchara con agujeros, y a menudo con forma de concha, a modo de colador, para separar el líquido del hielo al beber. En el imaginario colectivo, el julepe está ligado a calurosos días en un porche blanco, y es la bebida oficial del Derbi de Kentucky desde 1939.

Con yerbabuena (grafía aceptada también por la RAE) fresca o seca y azúcar morena puedes espolvorear rodajas de piña fresca o levantarle el ánimo a trozos de un melón que no haya salido tan sabroso y tan dulce como cabría esperar.

Es interesante tenerla siempre a la mano para aderezar verduras hervidas o al vapor, como zanahorias o ejotes. Prepara una mantequilla con hierbabuena para las papas asadas, el salmón o los chícharos de tu *fish and chips*, un clásico del Reino Unido que bien hecho hará que te reconcilies con la gastronomía popular de la pérfida Albión.

Si compras menta fresca, sea del tipo que sea, lávala bien. Después de usarla, deja secar sobre una servitoalla la que te haya sobrado, o prepara cubitos de hielo con las hojas enteras para bebidas o para echar en tus guisados, según te convenga.

Y ahora toca aclarar una pequeña pero habitual confusión. La infusión de menta poleo puede ser dos cosas: o bien alguna combinación de poleo con alguna de las dos mentas, piperita o *spicata*, o solo poleo. La mayoría de las veces, el polvillo con el que se rellenan las bolsitas solo desprende cierto aroma mentolado en infusión y es muy difícil distinguirlas. De hecho, la infusión pura de poleo es bastante menos común, aunque se puede adquirir en herbolarios y tiendas similares.

El poleo fresco es otra historia. Para mí, es sinónimo de Semana Santa y platos interminables de caracoles nadando en sopa picantita de cebolla, ajo y chile de árbol, donde una gran mata de poleo —comprada habitualmente junto a los caracoles— aporta un toque ligeramente fresco. El que se despista, pierde, por lo que es común que los caracoles al poleo se sirvan en vasos individuales para evitar el «conflicto del plato de almejas»; es decir, que varias manos compitan por hacerse con el sabroso premio.

Si tienes deditos verdes y no eres un/una mataplantas, cultivar cualquiera de estas variedades es relativamente fácil. Recolecta sus hojas siempre que puedas antes de la floración.

ENELDO EN HOJAS Y SEMILLAS

A pesar de ser una hierba conocida, no es ni de lejos la más utilizada en España. Su uso o consumo se reduce al salmón ahumado, a alguna crema de queso con hierbas de olor y a algún pepinillo en conserva. No ocurre así en otros lugares, donde el eneldo se utiliza profusamente, como los países escandinavos o incluso en Irán y la India, para preparar sopas y arroces.

En cualquier caso, su uso —ya sea fresco o seco— está ligado al pescado, sobre todo al ya mencionado salmón, o a platos de pepino, papas, huevos y lácteos, con los que forma un buen dúo.

Las semillas (en realidad, los frutos) son aún más desconocidas en nuestro país, pero en los países nórdicos flotan en la salmuera de los pepinillos junto con granos de mostaza y otras especias, y también se usan en la elaboración de panes.

El eneldo es originario de Asia central y pertenece a esa amplia familia de las umbelíferas. De apariencia delicada, posee unas hojas de un verde intenso que parecen ser plumas ligeras y sedosas. Se utiliza a menudo fresco por su aporte ornamental.

Existen tres variedades principales: el de huerto, que es el más fino; el silvestre, aromático pero menos tierno; y la variedad india, la menos aromática.

Al igual que otras hierbas anisadas, el eneldo facilita la digestión, combate los gases y actúa como diurético.

Además de usarse para conservas, es uno de los ingredientes de la mezcla georgiana en el Cáucaso, el khmeli suneli, una potente combinación de hierbas y especias que se utiliza para aromatizar todo tipo de platos. En la cocina judía asquenazí (judíos de Francia, Europa central y oriental) se utiliza en la sopa de pollo y en las salmueras kosher. En la cocina persa, el eneldo figura como ingrediente del sabzi polo (arroz verde; pilau, pilaf y polo hacen referencia a platos de arroz como acompañamiento), uno de los platos favoritos para celebrar el Nouruz (Año Nuevo persa), que se elabora con varias hierbas y que suele acompañar a platos de pescado. En la India se prepara un delicioso arroz con eneldo, limón, hojas de curry y granos de mostaza, y que adquiere un bonito color amarillo por la cúrcuma.

No podemos olvidar una de las salsas de yogur más conocidas, el tzatziki, propia de las cocinas griega y turca y que acompaña a los *meze* ('entrantes'), como el falafel, köftes y dolmas.

Para hacer unas deliciosas galletitas saladas para acompañar el queso, añade un puñado de semillas de eneldo a la masa. También puedes preparar vinagretas para ensaladas. Si quieres platos de legumbre más digestivos, utiliza las semillas de eneldo igual que las de hinojo o de comino.

El eneldo fresco no soporta largas cocciones: es mejor añadirlo en los últimos minutos de la cocción. Para congelarlo, lávalo y sécalo bien. Luego pícalo y guárdalo en una

bolsa de congelación, sacando todo el aire. El eneldo se congelará en forma de lámina de papel, de la que podrás romper un trozo siempre que lo necesites.

BAYAS DE LA PASIÓN

Provienen de la *ruta chalepensis* (conocida como "ruda"), planta tropical originaria de África cultivada sobre todo en Etiopía. Emparentada con los zanthoxylum y consideradas a veces como una pimienta, también desprenden notas cítricas, pero su complejidad aromática las acerca más a la fruta de la pasión.

Para la cocina etíope es una planta esencial. De ella se aprovecha todo, y se usa a menudo con otras especias como la korarima y el jengibre.

Aunque la ruda es bien conocida en Europa como planta medicinal, se utilizó en la antigua Roma como condimento en platos de pescado y huevo. Sin embargo, ha estado prohibida en España debido a sus propiedades abortivas. En Francia también se utilizaba como abortivo, lo que le valió el nombre de *herbe à la belle fille* (hierba de la doncella).

Las bayas de la pasión también se cultivan en América del Sur, sobre todo cerca de las iglesias, ya que existe la creencia de que Jesús se ocultó tras una ruda para escapar de los soldados romanos, lo que le otorgó poderes protectores contra el maligno y las fuerzas del mal. Esta creencia procede de mucho más atrás en el tiempo y está muy arraigada en la cultura de los pueblos latinos.

En Argentina y en otros países de Latinoamérica, se toma una infusión de ruda el primero de agosto, día de la pachamama, en el que se celebra el día de la Madre Tierra para tener suerte todo el año. En América del Sur se la conoce como planta de la suerte (en Inglaterra también), y ya era bien conocida por los pueblos originarios de América por sus múltiples propiedades medicinales contra parásitos y molestias gastrointestinales, además de usarse para calmar el ardor y la irritación de picaduras de bichos y alimañas.

Las bayas de la pasión no son tan conocidas en Europa y menos aún en España, aunque su sabor afrutado y aroma deliciosamente perfumado están empezando a despertar la curiosidad de aquellos interesados en la cocina etíope o en experimentar con sabores menos conocidos.

En cocina, las bayas de la pasión se pueden utilizar trituradas, molidas o en infusión. Para platos salados, se usan para preparar pescados en salsa, papillotes o asados. Igual con los mariscos, especialmente con los camarones. Su frescor y sabor intensos armonizan perfectamente con las carnes de caza, así como para marinar carne y pescado. Es mejor añadirlas al final de la cocción en guisados de ciervo o jabalí o en platos de volatería y carne roja. Para verduras y champiñones, añádelas en salteados o utilízalas para elaborar salsas de acompañamiento.

En repostería, infusiona las bayas en purés de fruta o añádelas a ensaladas de fruta y postres de chocolate. Prepara con ellas té negro, verde o rooibos, o macéralas en alcoholes como el ron para preparar deliciosos y refrescantes cocteles o incluso para aromatizar el vino caliente navideño y las sangrías de verano.

Si te atreves a adentrarte en la cocina etíope, descubrirás su uso en la preparación del café o en las mezclas berbere y mitmita, que se utilizan para preparar diversos guisados. Además, mezcladas con leche agria se utilizan para preparar un queso de especialidad.

A pesar de sus propiedades, no se aconseja su consumo en embarazadas, ya que puede provocar abortos.

AJONJOLÍ

Recuerdo que sobre el mostrador de la panadería que teníamos cerca de casa solía haber una bandeja de mantecadas, dulces blanquecinas que se desmoronaban al primer mordisco y te invadían la boca de almendra, manteca y azúcar. Nunca fui muy fan de ellos, pero me encantaban las semillas que lucían encima y que respondían al sonoro nombre de ajonjolí.

Sería mucho más tarde cuando probara por primera vez los panecillos para hamburguesas que llevan las mismas semillas encima, más claras quizás, sin tostar. Respondían a otro nombre: sésamo. Para mí, que conocía algún que otro cuento de *Las mil y una noches*, «sésamo» era una palabra mágica que abría una cueva llena de tesoros.

Al final, resultaron ser la misma cosa: «ajonjolí» proviene del árabe, que ha dejado una impronta significativa en el idioma español, mientras que «sésamo» viene del latín. Hay quien se empeña en establecer una diferencia, afirmando que a la planta y a la semilla se les llama ajonjolí, mientras que ajonjolí solo hace referencia a la semilla.

El ajonjolí encuentra su origen como planta silvestre en África, aunque los principales países productores de su cultivo son la India, México, China y Sudán. Tiene un alto contenido en aceite —entre un 40 y un 60%— encerrado en esa pequeña pero nutritiva semilla, que además tiene un alto contenido en calcio y en vitamina E.

Su beneficiosa existencia está rodeada de leyendas, y juega un papel muy importante en la medicina ayurvédica como el mejor aceite de todos, sobre todo para darse automasajes depurativos y vigorizantes. Una de las leyendas cuenta que una devota mujer india pidió a Shiva engendrar un hijo, y sus rezos fueron escuchados por Sri Parvati, la consorte del dios. Se le dio un hijo muy inteligente pero de corta vida. Ante su inminente muerte, los dioses invocaron a la diosa que escucha el llanto del mundo y le pidieron que, bañada en semillas de ajonjolí, tuviera relaciones sexuales con el joven hijo. Así, este murió para convertirse en la fuerza viril de Shiva. En la noche de bodas, las mujeres untan su cuerpo con ajonjolí para que el acto sea supremo y el matrimonio pueda engendrar hijos dotados de inteligencia.

También se cuenta que los antiguos mercaderes egipcios viajaban hacia el sur recorriendo los márgenes del Nilo; a lo largo de la travesía, mantenían relaciones comerciales con los habitantes de la sabana africana. Allí descubrieron el ajonjolí, quedando enseguida fascinados por su aroma y sabor. Una vez que las semillas tocaron las fértiles tierras de Egipto, se cultivaron a gran escala, convirtiéndose no solo en un producto esencial para el comercio, sino como elemento integral de la vida. Su aceite se utilizaba para cocinar, preparar medicamentos, en cosmética e incluso como condimento en la momificación. Mezclado con malaquita y galeno servía para preparar el maquillaje negro con el que los egipcios pintaban sus ojos; se creía que en este cosmético se escondía el secreto de la eterna juventud.

A partir de Egipto, el ajonjolí emprendería un viaje hacia Marruecos. De ahí entraría en Europa y Asia, pero habría que esperar al siglo XVII para que llegara a América como cultivo, en paralelo al lucrativo, aterrador y vergonzoso comercio de esclavos a través del Atlántico.

El recorrido del ajonjolí y su participación en todas las facetas de la vida es impresionante. Desde su partida de África hasta su largo viaje por Europa, Asia y América, el ajonjolí se fue consolidando como medicina, alimento y cultivo esencial para la economía de muchos países.

La medicina china, india y de la antigua Grecia se rindió a sus pies. Era común que se utilizara como ofrenda a los dioses, pues no podía ser otra cosa que alimento de Dios, el que cura los males tanto físicos como espirituales de este mundo.

El patrimonio culinario universal está lleno de recetas a base de ajonjolí, o que lo tienen como complemento. En Oriente Medio, la tahína (tahini), pasta hecha a base de ajonjolí, se usa para hacer el hummus, el baba ganoush y el tarator, entre otras recetas.

«Halva» es una palabra que abarca muchas variedades de dulces a base de pasta de ajonjolí mezclada con jarabe o miel, muy popular en Oriente Medio. En Egipto, forma parte de la mezcla de frutos secos y especias llamada dukkah, que se come con el pan con aceite, como el za'atar. En la cocina china aparece en tentempiés, salsas picantes, aderezos de fideos y ensaladas. Con él se elabora el aceite de color anaranjado y de fuerte sabor que se utiliza en salteados y sopas. Los japoneses también hacen un gran uso de él: sushi, galletitas saladas, aperitivos crujientes a base de algas, furikakes y su sabrosísima y picantona mezcla shichimi togarashi. En la India, el uso más habitual del aceite de ajonjolí es la preparación del tadka, una técnica que consiste en freír especias en el aceite caliente para extraer todo su sabor y aromas. Este aceite se utiliza para aderezar lentejas, verduras o arroz, aportándole un sabor extra al plato. El aceite se calienta hasta su punto de humeo, teniendo cuidado con que no se queme. Además, el aceite de ajonjolí se utiliza en la elaboración de algunos dulces para otorgar un ligero sabor a frutos secos y para ayudar a amalgamar el resto de los ingredientes.

En México, el ajonjolí aparece en los moles, y en el sur de Estados Unidos aún se le llama por su nombre de origen africano, *benne*. Con él se preparan las populares *benne seed cookies*.

En España, actualmente vemos ajonjolí en un sinfín de productos, como panes, galletas saladas y dulces, mezclas para ensaladas, etc. Sin embargo, tradicionalmente el ajonjolí se veía casi exclusivamente en la repostería de herencia medieval, en concreto en la andalusí, con fuertes influencias de la cocina sefardí y árabe en comunión con las costumbres cristianas. Así, encontramos dulces —como los mencionados mantecados— con ajonjolí, almendras, manteca de cerdo y azúcar, o los alfajores, algo más especiados. Pero, sin duda alguna, el ajonjolí se ha hecho popular en nuestro país en los últimos años por una afortunada invasión de hummus en cientos de restaurantes y bares, y la clara necesidad de replicar la receta en casa. No siempre estos hummus están bien hechos, y en más de una desgraciada ocasión se intenta sustituir —en el mejor de los casos— el tahini por semillas o aceite de ajonjolí en su elaboración. El tahini es esencial en el hummus, pues no solo da sabor, sino también cuerpo y textura.

Existen principalmente tres tipos de ajonjolí: blanco sin tostar, tostado y negro, y con todos ellos se hace tahini. En Occidente, el tahini se utiliza casi siempre para el hummus, pero también se puede utilizar para untar el pan como si fuera mantequilla, para hacer salsas de yogur o para marinar carnes. El ajonjolí crudo tiene poco sabor. Utilízalo solo si vas a hornear galletas, bagels o algún otro tipo de pan que necesite horno. Si vas a tostar las semillas en un sartén, hazlo con mucho cuidado, removiendo constantemente para que no se quemen.

Las semillas de ajonjolí negro tienen un fuerte componente estilístico, por lo que es bastante común utilizarlas con las de ajonjolí blanco o tostado para jugar con el color.

Actualmente también se pueden adquirir en tiendas especializadas semillas de ajonjolí tostadas y saborizadas con wasabi, umeboshi, yuzu, kimchi, etc. Estas, además de aportar mucho sabor, añaden una bonita nota de color a los platos. Recuerda que deben echarse siempre al final, como complemento: no se usan para cocinar en sí.

Las semillas tostadas de ajonjolí son un gran complemento para los salteados de verdura, los huevos revueltos o las sopas. También aportan sabor y textura crujiente a ensaladas y pan tostado con aguacate.

En lugar de pan molido, utiliza semillas de ajonjolí crudo para empanizar. Espolvorea semillas tostadas en ensaladas de frutas, yogur o helado. Si quieres tomar menos sal y no renunciar al sabor, puedes utilizar gomashio, una simple mezcla japonesa de ajonjolí tostado molido y sal. Una buena proporción es 100 g de ajonjolí tostado molido por 10 g de sal.

En cuanto a los aceites de ajonjolí, hay que diferenciar principalmente entre dos. Existe uno anaranjado oscuro y de fuerte sabor que se utiliza en cantidades muy pequeñas en la cocina asiática, sobre todo al final de las preparaciones de platos como sopas o salteados. El otro —mucho más suave— se obtiene del prensado en frío de las semillas crudas de ajonjolí o del tostado. Este puede utilizarse de forma más generosa, pero sin excederse.

Como cosmético nutritivo, asegúrate de utilizar un aceite de prensado en frío y de cultivo ecológico. Así podrás utilizarlo en tu piel sin correr ningún riesgo y sin desprender olor a bowl de fideos.

SALMÓN GLASEADO CON SHICHIMI TOGARASHI

Para 4 personas:

4 lomos de salmón sin espinas
2-3 cucharadas de shichimi togarashi
4 cucharadas de vinagre de arroz
2 cucharadas de jugo de naranja
1 cucharada de mostaza Dijon
1 cucharada de azúcar moreno
1 cucharadita de jengibre rallado
½ cucharadita de shichimi togarashi
½ cucharadita de salsa de soya
Pimienta negra
Sal de grano (opcional)
Limas en cuartos para servir

Espolvoreamos generosamente los lomos con el shichimi y los dejamos marinar 30 minutos.

Mientras tanto, mezclamos los ingredientes del glaseado en un cazo y los llevamos a ebullición. Bajamos el fuego y dejamos que se reduzca un poco.

Con el horno precalentado, pintamos los lomos con el glaseado y los asamos durante 5 minutos por cada lado, volvemos a pintar el pescado con el glaseado al darle la vuelta. Los serviremos con cuartos de lima.

MODIKA

También conocido como mango africano por su similitud de forma con el mango indio, el modika (*Irvingia gabonensis*) es un árbol que crece en el África tropical. De él se aprovecha todo, pero sin duda lo más interesante son sus semillas, que se tuestan al sol o en una olla sin aceite. También se pueden tostar en el horno.

Los distintos niveles de tueste inciden en el sabor y en la glutinosidad que confieren luego al plato cuando se cocina. A mayor tueste, mayor es la cantidad de mucílagos que se desprenden y, por ende, más gelatinoso es el resultado. Una vez que se han tostado las semillas o nueces, se trituran y se forma una pasta a la que a veces se la llama chocolate de modika. A la hora de cocinar, esta pasta se ralla para espesar guisados y sopas.

Asimismo, de las semillas se extrae aceite para cocinar o para hacer jabones y otros productos cosméticos. La pulpa de la fruta también es comestible. Se come fresca o se utiliza para hacer jugo, gelatina o mermelada.

En Guinea Ecuatorial se prepara la llamada salsa de modika, guiso de carne o pescado aderezado con modika y con extracto de camarón, que se suele servir con fufú (masa hecha a base de yuca y plátano o de ingredientes similares).

SALSA DE MODIKA CON CORDERO

Para 4 personas:
1 kg de cordero en trozos
1 jitomate grande
1 cebolla
2 dientes de ajo
25 g de modika
2 cucharadas de aceite de palma o de oliva
1 cucharada de pimienta negra
1 cucharada de sal

1-2 cucharadas de camarones secos molidos
1 l de caldo de carne o de verduras

Picamos el jitomate, la cebolla y los ajos. En una olla colocamos la carne, la verdura picada, la sal, el aceite, el extracto de camarón y la pimienta. Cubrimos con el caldo y llevamos todo a ebullición. Tras unos 20 minutos, espumamos y bajamos el fuego. Añadimos la modika, removemos bien y cocinamos a fuego lento durante aproximadamente 1 hora, o algo más si se trata de cordero recental.

HOJAS DE AGUACATE

Las hojas del aguacate pertenecen a la *Persea americana* y se utilizan ampliamente en la gastronomía mexicana, además de utilizarse como planta medicinal. Su aroma recuerda al fruto del aguacate, aunque las hojas son menos grasas y contienen más proteínas, fibras y minerales que el fruto. Tiene notas anisadas.

Se pueden utilizar frescas o secas, y se añaden a los guisados a modo de laurel. De hecho, pertenecen a la misma familia de las lauráceas. También se usan en caldos, marinados y salsas, a menudo como sustituto del epazote, sobre todo cuando se cuecen frijoles negros. Asimismo, puedes incorporarlo a tus recetas de legumbre o para pescados en papillote.

Como infusión, se toma para facilitar la digestión, aliviar la acidez de estómago y para los dolores menstruales. Incluso se ha observado que elimina la glucosa en la sangre, lo que la hace recomendable para personas con diabetes. Con sus hojas se puede preparar una tisana para evitar el insomnio. No obstante, no se recomienda para mujeres embarazadas o lactantes.

PESCADO ASADO CON HOJAS DE AGUACATE

Para 4 personas:

4 doradas limpias pero con las espinas
El jugo de 2 limas
24 hojas de aguacate
1 cucharada de sal
2 cucharadas de ajo molido
4 hojas de plátano
Papel aluminio

Precalentamos el horno a 180 °C.

A cada dorada le hacemos tres cortes en cada lomo, y las rociamos con el jugo de lima. Luego salamos y espolvoreamos el ajo, procurando que caiga en los cortes. Por último, ponemos en cada corte una hoja de aguacate, y envolvemos cada dorada individualmente en una hoja de plátano primero y luego en papel aluminio.

Cocinamos las doradas unos 20-30 minutos.

MEZCLAS DE ESPECIAS

No cuento nada nuevo si digo que hay tantas combinaciones de especias como especias existen, y que muchas de estas mezclas, aunque puedan variar ligeramente según quien las haga, se han convertido en seña de identidad de la gastronomía de ciertos países: diversos masalas indios, la harissa tunecina, las hierbas provenzales... y un largo etcétera de una riquísima herencia cultural universal. Cada rincón de la Tierra tiene una forma de cocinar con especias que ha heredado a lo largo de los siglos. Pero lo más interesante es que es un proceso que no acaba nunca, pues las combinaciones son infinitas y los resultados exponenciales. En el ansia por probar cosas nuevas, no nos cansamos de investigar, de jugar y de crear maravillosas combinaciones que no dejan de sorprendernos.

En este libro quiero ofrecerte dos cosas: mezclas de especias conocidas de varios países —que podrás utilizar a tu antojo, no necesariamente siguiendo una receta tradicional—, y algunas pautas para hacer tus propias mezclas de manera sencilla pero eficaz.

Mi primera recomendación es que compres —o cultives— especias de calidad y en pequeñas cantidades, de ser posible enteras. Muele solo la cantidad que vayas a necesitar.

Las proporciones, a no ser que una receta en particular indique lo contrario, se eligen de la siguiente manera:

- Aquellas con aceites esenciales muy intensos, como el clavo, se utilizan en cantidades muy pequeñas.
- De las más suaves, cilantro en semilla, por ejemplo, puedes añadir una cantidad mayor.

Para obtener todo su potencial, puedes molerlas en crudo y luego tostarlas (sobre todo las más duras, como el anís estrella o el cardamomo negro), o directamente tostarlas sin molerlas (una técnica más indicada para las pequeñas, como semillas de hinojo o mostaza). También las puedes freír en aceite o en cualquier otra grasa y triturarlas, o simplemente retirarlas y utilizar el aromatizado resultado.

Si para hacer una mezcla no estás siguiendo una receta en particular, hay que tener en cuenta el sabor de las especias elegidas, su intensidad y su forma (entera, molida, fresca). También es importante conocer el sabor de los platos que cocinarás con ellas (dulces, salados, agridulces, picantes).

Un ejemplo de **mezcla para dulces** es el siguiente:

1 cucharada de canela de Ceilán
½ cucharada de pimienta gorda
½ cucharadita de clavo
½ cucharadita de nuez moscada
1 cucharadita de jengibre

No obstante, la clave de una buena mezcla es que ningún ingrediente destaque demasiado, a no ser que esa sea la intención (subida de comino, subida de chile...) o que la receta así lo requiera. Esto último es lo que sucede con algunas mezclas regionales en las que destacan uno o varios ingredientes, como en el ras el hanout (comino y canela), las cinco especias chinas (anís estrella) o el baharat (pimienta y clavo).

Como decía antes, las mezclas más conocidas de cada región pueden variar: no tienen fórmulas fijas, pero siempre habrá ingredientes que se repitan. Tomaremos como ejemplo el ras el hanout, también conocida como «lo mejor de la tienda».

Mi propuesta es la siguiente:
comino
casia
cilantro
jengibre
alcaravea
nuez moscada
pimienta gorda
pimienta negra
cúrcuma
clavo
cayena molida

Esta misma combinación podría llevar tanto más ingredientes (flores, otras pimientas como la cubeba) como ingredientes similares (en lugar de alcaravea, hinojo o semillas de ajwain). Y lo mismo ocurre con otras combinaciones.

A continuación te dejo una pequeña muestra de las más populares y su origen para que las hagas en casa. ¡Haz de la cocina un hermoso e interesante viaje! No importa si decides hacer un plato complejo o simplemente especiar unas papas fritas.

INDIA

GARAM MASALA

Tostamos y dejamos enfriar:
4 cucharadas de cilantro en semillas
2 cucharadas de comino
1 cucharada de alcaravea
1 cucharada de pimienta negra
2 cucharaditas de cardamomo negro (3 o 4 cardamomos)

Lo molemos todo junto a 1 rama de canela partida en trozos, 1 nuez moscada entera y 1 cucharadita de clavos.

CURRY BÁSICO

5 cucharadas de cilantro
2 cucharadas de comino
1 cucharada de cúrcuma
2 cucharaditas de jengibre
2 cucharaditas de mostaza amarilla o negra
2 cucharaditas de fenogreco
2 cucharaditas de pimienta negra
1 cucharadita de canela
½ cucharadita de clavo
½ cucharadita de cardamomo
½ cucharadita de pimienta cayena molida para un curry suave (también se puede optar por chiles kashimiri molidos, que tienen un picor muy suave)

Molemos todo y ¡listo!

EGIPTO

DUKKAH

3 cucharadas de almendras picadas
3 cucharadas de avellanas picadas
3 cucharadas de ajonjolí tostado
1 cucharadita de comino molido

1 cucharadita de cilantro molido
½ cucharadita de sal
½ cucharadita de azúcar morena

CHINA

CINCO ESPECIAS

5 cucharadas de anís estrella molido
2 cucharadas de hinojo molido
2 cucharaditas de casia molida
2 cucharaditas de pimienta de Sichuan molida
½ cucharadita de clavo molido

Las especias se pueden mezclar enteras y luego molerlas, pero sin un molinillo de café será un poco complicado por la dureza del anís estrella y del clavo.

FRANCIA

HIERBAS PROVENZALES

2 cucharadas de tomillo
2 cucharadas de mejorana
1 cucharada de romero
1 cucharada de hierbabuena
½ cucharadita de hinojo
¼ de cucharadita de flores de lavanda

ORIENTE MEDIO

BAHARAT

1 cucharada de pimienta negra en grano
1 cucharada de cilantro en grano
1 cucharada de comino en grano
1 cucharada de clavos enteros

1 cucharada de cardamomo verde entero
1 cucharada de nuez moscada molida
1 cucharada de canela molida
½ cucharada de paprika que no esté ahumada, por ejemplo, paprika dulce murciano o paprika húngara dulce

Para esta mezcla, tostamos todas las especias menos la nuez moscada, la canela y la paprika. Las dejamos enfriar y, después, las molemos. Por último, mezclamos con el resto de las especias.

JAPÓN

SHICHIMI TOGARASHI

4 cucharadas de chile en hojuelas
1 cucharada de mandarina seca molida
2 cucharaditas de ajonjolí blanco
2 cucharaditas de ajonjolí negro
1 cucharadita de pimienta de Sichuan verde o sansho
1 cucharadita de alga nori troceada
½ cucharadita de jengibre molido

Mezclamos todos los ingredientes y los molemos.

EL CURRY

Delicioso y polémico curry. Para entender bien qué es un curry, sería necesario enfocarlo desde dos puntos de vista que en un momento dado de la historia terminarán por converger y que siguen vigentes hoy en día.

El primer enfoque es que se trata de un guisado de carne, verdura o pescado cocinado con una serie de especias que están estrechamente ligadas a la cocina de la India. La palabra «curry» procede, según la creencia generalizada, de la palabra india *kari* ('salsa'). Así, los platos de curry encontrarían su origen en la India hace miles de años. Allí se preparan a diario, con una amplia variedad de ingredientes y de especias que dan lugar a un sinfín de recetas que han variado a lo largo de los años. No obstante, existen recetas clásicas, abundantes, que marcan la gastronomía de las distintas partes del país. Además, al contrario de lo que muchos piensan, existen otros platos indios que no son curries, aunque el desconocimiento de la gastronomía india y una visión harto simplista los haya reducido a una sola palabra.

A modo de explicación —y me excuso por ello—, los curries son guisados con una base de ingredientes como la cebolla —mucha— y el ajo, y un determinado número de especias —que se cocinan antes o después de tostarlas o freírlas—, a los que se van añadiendo otros ingredientes, como carne, verduras, pescado, legumbres, frutos secos, fruta y, por último, hierbas frescas, como cilantro o menta.

Si se quiere profundizar en este tema habría que retroceder en el tiempo y echarle un vistazo a la historia de la India para encontrar el momento casi exacto en el que surge la otra explicación sobre «el asunto curry», la cual nos ha llevado, pobres mortales, a tanta confusión.

En Occidente, cuando nos preguntan qué es un curry solemos responder que se trata de una mezcla de especias más o menos compleja procedente de la India, pero que también existe en otros países como Marruecos, Tailandia, Malasia, etc. No es mentira, pero tampoco refleja toda la verdad. El responsable principal de que esta definición se hiciera viral —por así decirlo— fue el Imperio británico, cuya presencia en la India data del siglo XVI, primero con alianzas puramente comerciales, luego colonizando el país por completo hacia 1833 y, por último, abandonando el territorio ante la independencia de este en 1947.

Hoy en día se les reprocha —entre otras cosas— el uso colonialista y reductor de la palabra «curry» para referirse a la gastronomía india —que no hindú—, y se les pide que se aprendan los nombres de los platos y que los describan con propiedad. En su defensa diré que los británicos han estado en contacto con la palabra «curry» desde que apareciera por primera vez en un recetario inglés allá por el siglo XIV, tiempo antes de que pusieran un pie en la India con la intención de hacerse con el lucrativo comercio de las especias, al igual que portugueses y holandeses. (Mientras tanto, España decidió concentrar sus intereses en el oro y la plata de las Américas y en otros productos como el cacao y los chiles, a pesar de haber colonizado Filipinas y tener, por ende, lazos comerciales para obtener principalmente clavo, nuez moscada y pimienta).

Dado que las especias eran tan caras, deseadas y —siguiendo la lógica social del momento— un lujo necesario, tanto por sus propiedades medicinales como para hacer pasable la comida en mal estado, no es de extrañar que los británicos adoptaran los curries indios y que intentaran con mayor o menor éxito replicarlos.

En 1747, más de ciento cincuenta años después de que los ingleses establecieran sus bases comerciales en la India, Hannah Glasse publicó el primero de los muchos libros que recopilaban recetas de curries indios y otras preparaciones, como chutneys y arroces. Muchas de estas recetas eran meras aproximaciones; de hecho, más bien eran recetas clásicas británicas especiadas, pero que mostraban un claro entusiasmo por la cocina india y, en particular, por sus especias, muchas de las cuales ya conocían desde la Edad Media, al igual que otros países europeos.

Pero los libros no bastaban para satisfacer la pasión británica por el curry. Así surge el curry en polvo (*curry powder*), un intento comercial de producir mezclas listas para usar que representaran la forma de cocinar en la India. Y como existían diferentes curries según la región del país, los británicos tratarían de emular dichos platos mediante sus mezclas: Bombay, kashmiri, Madrás, etc. Estas mezclas incluían todas las especias que se usaban en la India, con distintas proporciones, incluyendo o no ciertos ingredientes. Quizás lo más divertido o curioso es que a esta fiebre del *curry powder* se sumarían una nutrida lista de funcionarios —todos hombres, huelga decir—, entre los que no faltaba algún que otro coronel. No puedo evitar poner cara de asombro al imaginarme a todos aquellos *gentlemen* discutiendo en sus clubes sobre posibles recetas de curry, como el que comenta el estado del tiempo o las fluctuaciones de los valores en bolsa.

Todos estos *curry powders* irrumpirían con fuerza en las colonias británicas allende los mares pero, al mismo tiempo, la importante diáspora del pueblo indio dejaría también su impronta allá donde fuera, con casos tan interesantes como su presencia en Malasia, Nueva Orleans, Tailandia o en nuestras queridas islas Canarias. Buena parte de mi amor por las especias es producto de un encuentro fortuito entre un inmigrante indio afincado en Gibraltar —Gopal— y una hermana de mi padre —Lela—, que culminó en matrimonio. Mi tío indio falleció siendo yo pequeña, pero sería mi tía la que me daría a probar por primera vez el chutney de mango, las semillas de fenogreco en las cremas de verdura («una cosa india», decía ella), las bolas de sémola en un almíbar espeso (gulab yamun) y el té con cardamomo y canela.

De todo este *curry affaire* he elegido varias recetas, algunas de ellas como el pollo tikka masala, plato angloindio por excelencia y uno de los curries más conocidos. Otra de ellas, el *coronation chicken*, fue un plato creado en 1953 por la Cordon Bleu con motivo de la coronación de la reina Isabel II de Inglaterra. Y de curries tradicionales indios he elegido un korma de camarones.

La popularidad de los curries llegaría a otros países, transformando su gastronomía para siempre. Uno de los ejemplos más claros es Tailandia, donde se preparan pastas de curries (rojo, verde, amarillo, etc.) con especias e ingredientes frescos, como escalonias, ajos y limoncillo, aunque los métodos varían.

POLLO TIKKA MASALA

Para 4 personas, como plato principal acompañado de arroz:

Para el marinado:
1 kg de pollo deshuesado y sin piel cortado en trozos no demasiado grandes
1 cucharadita de garam masala
1 cucharadita de comino
2 cucharaditas de cilantro molido
1 cucharadita de pimienta cayena molida
6 dientes de ajo picados
1 trozo del tamaño de un pulgar de jengibre fresco picado
1 yogur griego (a ser posible, de marca blanca o griega)
Sal

Para la salsa:
2 cebollas picadas
4 dientes de ajo picados
1 cucharadita de pimienta cayena molida
Un puñado de cilantro fresco
Una cucharada de cilantro molido
6 cucharadas de almendras crudas molidas
1 lata grande de jitomate triturado
1 lata de leche de coco
2 cucharaditas de cúrcuma
1 cucharadita de garam masala
Sal
Aceite de girasol o de oliva suave

Para hacer el marinado, mezclamos todos los ingredientes en un bowl. Luego añadimos los trozos de pollo y removemos bien. Dejamos marinar la mezcla durante al menos 3 horas en el refrigerador (lo ideal es que repose toda la noche).

En una olla doramos las cebollas, los ajos y los tallos del cilantro. Las hojas se reservan para servir. Una vez que toman un tono dorado, agregamos el cilantro molido, el garam masala, la cúrcuma y la pimienta cayena.

Cocinamos a fuego bajo 2 minutos. A continuación echamos las almendras molidas, removemos bien y cocinamos la mezcla otros 2 minutos. Incorporamos el jitomate triturado, la leche de coco y la sal y cocinamos la salsa a fuego bajo unos 20 minutos. Si se prefiere una salsa fina, podemos batirla hacia el final de la cocción.

En un sartén, doramos en pequeñas tandas para evitar que se cuezan los trozos de pollo marinado. Vamos echando en la salsa los trozos de pollo ya dorados.

Servimos con arroz y un poco de cilantro encima.

CORONATION CHICKEN

Para 4 personas:

500 g de pollo cocido o asado sin hueso, desmenuzado o picado en cubitos
5-6 chabacanos secos picados
2 cucharadas de aceite de oliva o de ghee
3 cucharadas de mayonesa
3 cucharadas de crema o de yogur griego
1 cucharada de curry en polvo
1 cebolla picada
1 cucharada de concentrado de jitomate
100 ml de vino tinto o blanco
1 hoja de laurel
El jugo de un limón
Una pizca de azúcar
Sal y pimienta

Calentamos el aceite en un sartén y salteamos 2 minutos la cebolla picada junto con el laurel y el curry.

Agregamos la pasta de jitomate y el vino, y lo dejamos reducir unos minutos. Retiramos del fuego, añadimos el pollo y dejamos enfriar. Luego lo mezclamos todo con la mayonesa, el yogur o la crema, los chabacanos, el azúcar, la sal y la pimienta.

Se puede servir con arroz, aunque lo más común hoy en día es ponerlo como relleno en los sándwiches.

KORMA DE LANGOSTINOS

Para 4 personas:
50 g de almendras crudas peladas
500 g de camarones crudos pelados
2 cucharadas de jugo de limón
1 cucharadita de cúrcuma
150 g de yogur natural griego
1 cucharadita y ½ de harina de garbanzos
1 cebolla grande picada
2 cucharaditas de jengibre rallado
2 cucharaditas de ajo picado
½ cucharadita de pimienta cayena molida
1 cucharadita de sal
4 cucharadas de aceite

Ponemos a remojar las almendras en 150 ml de agua hirviendo unos 20 minutos.

Mientras tanto, mezclamos en un bowl los camarones con la cúrcuma y el jugo de limón, y los dejamos marinar un rato.

Mezclamos el yogur con la harina de garbanzos y reservamos.

Sofreímos la cebolla. Luego añadimos el ajo, el jengibre y la pimienta cayena molida y cocinamos todo durante 3 minutos sin dejar de remover. Incorporamos los camarones, la sal y el yogur con la harina, y dejamos que se cocine a fuego bajo durante 4 minutos.

En este momento, batimos las almendras junto con el agua del remojo y volcamos este puré sobre los camarones. Removemos bien y cocinamos 5 minutos más.

Una vez hechas, se les añade aceite de coco o de girasol. Se pueden conservar en el refrigerador varios días o congelarlas en porciones para su posterior uso.

PASTA DE CURRY ROJO

4 chiles secos remojados
3 cucharaditas de pimienta en grano
½ cucharadita de comino
½ cucharadita de cilantro
6 ajos
1 cucharada de raíces de cilantro

1 cucharada de limoncillo picado
4-5 escalonias
1 cucharadita de galanga
2 cucharadas de salsa de pescado
Sal
2-3 cucharadas de aceite de girasol

Lo batimos todo menos el aceite, que echaremos al final. Para una pasta más picante habría que añadir más chiles secos y más ajos.

CURRY ROJO DE TERNERA

500 g de filete de ternera en tiras
2 cucharadas de pasta de curry rojo (o más, al gusto)
6 hojas de lima kafir
1 pimiento morrón rojo en tiras
1 pimiento morrón naranja en tiras
1-2 chiles verdes en rajas
1 lata de leche de coco
1 cucharada de salsa de soya oscura (o algo más si es necesario)
Azúcar morena

Marinamos las tiras de carne con la salsa de soya y el azúcar. Luego, salteamos la carne hasta que esté casi hecha y la reservamos.

En el mismo sartén, echamos un poco de aceite y freímos la pasta de curry unos minutos. Luego añadimos las verduras y las salteamos. Agregamos la leche de coco y la ternera junto con las hojas de lima kafir y dejamos que todo se cocine durante unos 10 minutos.

CURRY MALAYO DE PESCADO

Para 4 personas:
4 escalonias peladas
3 ajos
1 trozo de jengibre
1 trozo de galanga
2 cucharaditas de pasta de camarones o 4 anchoas grandes

Aceite de girasol
4 chiles de árbol frescos o secos
1 puñado de hojas de curry
1 cucharadita y ½ de paprika dulce
½ cucharadita de cúrcuma
1 lata de leche de coco
1 cucharadita y ½ de pasta de tamarindo
2 tallos de limoncillo
800 g de pescado blanco cortado en trozos de 4 cm
1 cucharadita de azúcar morena

Trituramos con un poco de agua las escalonias, los ajos, el jengibre, la galanga y la pasta de camarones o las anchoas.

Calentamos el aceite en un sartén grande y añadimos la pasta, los chiles, las hojas de curry, la paprika y la cúrcuma. Cocinamos todo 2-3 minutos.

Añadimos media taza de agua, la leche de coco, el tamarindo y el limoncillo en trozos. Llevamos todo a ebullición, bajamos el fuego y cocinamos durante 10 minutos. Por último, agregamos el azúcar y el pescado. Cocinamos todo 5 minutos más y servimos.

AYUDAS CULINARIAS

Cuando la definición de especia se aplica de manera confusa, sino forzada, nos vemos en la necesidad de establecer algún tipo de clasificación. Es simplemente elección personal. En otros libros se pueden ver junto a las especias más clásicas cosas como el azúcar, la sal, el café, el coco, las flores, las algas y una larga lista de ingredientes que escapan un poco a definiciones más tradicionales. Si el clavo, la canela o la pimienta son especias sin atisbo de duda, rosas, té matcha o algas no son ejemplos tan claros, aunque se usen desde tiempos inmemoriales. Pero son igualmente ingredientes deliciosos e interesantes y nos ayudan a preparar estupendas recetas.

La lista que propongo en este capítulo es corta. Las opciones son innumerables si contamos salsas, aderezos, fermentos, extractos —e incluso el denostado glutamato monosódico— que existen en el mercado, y otros que en poco tiempo serán de uso común a pesar de su novedad.

CEBOLLA, AJO, ESCALONIAS Y PUERROS

Considerar a esta gran familia como especias parece un poco fuera de lugar, pues no responde a su definición más clásica. Sin embargo, antes de que las especias se convirtieran en un ingrediente indispensable en prácticamente toda la faz de la Tierra, las cebollas, por ejemplo, eran la única manera de aromatizar la comida, sobre todo en aquellos lugares donde las especias no abundaban o en tiempos en los que su precio las convertía en un lujo al alcance de muy pocos.

Hasta hace no mucho, me gustaba decir que la cebolla, el ajo, las escalonias y —por qué no— los puerros solo eran especias cuando estaban secos, al igual que un chile fresco no es especia y uno seco sí. Pero hoy me parece innecesaria esa distinción, ya que a lo largo de la historia el concepto de especia ha ido cambiando por diversas razones, principalmente de uso. Por ello, a esta indispensable familia la englobo en ayudas culinarias como uno de los condimentos más importantes que existen. Como toda clasificación, encontrará sus detractores. A mí simplemente me parece una forma bonita y práctica de no olvidarse de estos vegetales que nos han acompañado desde los albores de la humanidad y que están presentes como ingrediente insustituible en miles de recetas.

Casi la totalidad de las gastronomías del mundo cuentan con uno o varios miembros de esta familia. Nuestra cocina, sin ir más lejos, no se concibe sin ella. Allá donde dirijamos la mirada habrá un sofrito, un picadillo, un aderezo.

La cebolla se considera la más importante, entre otros motivos porque fue la que llevó en el siglo XVII al botanista sueco Linneo, cansado de ver lo confusas que eran las clasificaciones de las plantas, a darse a la hercúlea tarea de clasificar todas y cada una de las plantas conocidas hasta el momento. Las cebollas en particular recibían varios

nombres, por lo que se le ocurrió que sería útil clarificarlas por familias. Así, la familia de las liliáceas englobaría a la cebolla, al ajo, al puerro, a las escalonias, etcétera.

La cebolla cruda, frita, salteada, asada, en conserva o hervida está presente en sopas, ensaladas, guisados y asados, solas o acompañando a otros alimentos. Es uno de los ingredientes que más sabor da y es difícil prescindir de él. Cada cocina utiliza alguna de sus múltiples variedades (blanca, morada, marrón) de una o de otra forma para preparar sus platos.

En China, las cebollas cambray se agregan a menudo frescas y muy picaditas a platos de fideos y sopas, al igual que en Indonesia coronan bowls de laksa, o se fríen hasta quedar crujientes para poner encima de fideos o arroz frito.

En la India, se prefieren las cebollas marrones, muy intensas de sabor y picantes. Se usan prácticamente en cada plato, no solo por su sabor, sino para dar textura y consistencia, como en los curries. También se comen crudas con jugo de limón cuando empiezan los primeros síntomas de resfriado. No hay que olvidar que la cebolla posee una serie de propiedades medicinales importantes, la mayoría relacionadas con el sistema respiratorio (tos, congestión nasal, garganta irritada) y circulatorio (mantiene las arterias limpias).

La cebolla es marca distintiva de la gastronomía de algunos países, como es el caso de Francia. Algunos de sus platos más emblemáticos llevan cebolla, como la bullabesa, el *bœuf bourguignon* o la quiche Lorraine.

En Oriente Medio, se usa cruda para acompañar la carne de cordero y los kebabs. También se usa para aderezar carne molida o estofados. En Túnez, se usa una pasta de cebolla fermentada para hacer el cuscús. En Reino Unido se rellenan, y en Estados Unidos, frita o cruda o como parte de un relish, es la amiga inseparable de la comida callejera (hot dogs, hamburguesas, sándwiches). Y, así, muchos países y muchas recetas cuentan con la cebolla como ingrediente, a excepción de la cocina inuit de los esquimales.

Podemos comprar cebolla y escalonias deshidratadas o molidas. Son una buena opción para realzar el sabor de platos que nos hayan quedado algo sosos, pero también para aderezar ensaladas y preparar marinados para carnes, pescados y verduras. Si la pereza se apodera de ti, será tu mejor aliada, ya que no tendrás que tomar ni un cuchillo, ni que escoger entre juliana y brunoise, ni que derramar una sola de las temidas lágrimas. No obstante, cabe decir que sus usos son limitados: no es aconsejable allá donde se requiera o desee un sofrito con cuerpo. Omelette de papas o a la francesa, verduras al vapor, filetes de carne, pescado a la plancha, salsas a base de yogur o crema... A todo le va bien. Solo un pequeño consejo: cuando utilices cebolla molida, procura no acercar el bote a ollas o sartenes humeantes. La cebolla molida —el ajo también— absorbe con mucha facilidad la humedad ambiental, y más aún el vapor de las cacerolas al fuego, por lo que terminará hecha un bloque en el bote. Pellizcarla será casi tan trabajoso como picar cebolla fresca.

En cuanto al ajo, podemos repetir casi las mismas palabras que describen a la cebolla. Se menciona como medicina y alimento en los antiguos textos medicinales de Egipto, la India, China, Grecia y —cómo no— Roma. Pero sus propiedades medicinales, bien conocidas, van un paso más allá, pues se ha utilizado como poderoso amuleto contra diversas fuerzas maléficas, entre ellas los vampiros. Si bien esta idea ha quedado arraigada en el folclore popular y en el universo literario y cinematográfico, su poder protector se fundamentaba en buena medida en su fuerte olor. Aun así, es uno de los ingredientes que —a pesar de sus más acérrimos enemigos— se encuentra en todas partes, dejando tras de sí un sabor inconfundible en todas y cada una de sus formas. Maravillosas ensaladas de jitomate aderezado con ajos frescos picados, deliciosos sofritos para paellas y curries, turgentes ajos en conserva junto a sabrosas aceitunas, el olor a ajos fritos invadiendo nuestros sentidos justo antes de saltear unas almejas o unos camarones...

A pesar de todo lo que nos ofrece, no se libra de su mala fama, que se debe en parte a su intenso olor —que nos deja un aliento que podría ser un arma eficaz contra cualquier demonio alado—, pero también por ser algo indigesto. Que eructemos por el ajo —sobre todo crudo— es más común de lo que nos gustaría, y remedios como quitarle el germen no siempre funcionan. No obstante, es interesante constatar que seco, ya sea molido, cortado o en deshidratado, se repite menos o no se repite en absoluto.

El ajo seco molido es una especia que no debería faltarte en la cocina. No solo porque es cómodo, sino porque no es nada raro quedarse sin ajo o descubrir con disgusto que el ajo fresco que te queda huele a humedad y podría arruinarte el plato.

Para combatir el mal aliento después de comer ajo y hacer una buena digestión, mastica semillas de hinojo, anís o cardamomo.

¿Por qué pican?

Si te has preguntado alguna vez por qué ingredientes tan dispares como los chiles, la mostaza o la cebolla pican, en la siguiente lista te indico las sustancias químicas culpables para sacarte de dudas.

Chiles: capsaicina
Pimientas: piperina
Jengibre y granos del paraíso: gingerol
Mostaza, wasabi y horseradish: sinigrina + mirosina > isotiocianato de alilo, glucosinolato
Ajo, cebolla, escalonia: alicina
Pimienta de Sichuan, sansho, timut, andalimán: sanshool
Pimienta de Tasmania: poligodial
Casia: cinamaldehído

CACAO

¿Por qué algo que es a la vez bebida y comida se encuentra en este apartado de ayudas culinarias? Aunque en algunos libros lo consideran especia, porque se usa para condimentar platos, me parecía más acertado acercarlo a otros elementos como el café o el té, que se beben, pero con los que también se puede cocinar.

Lo pongas donde lo pongas, lo más importante es distinguir entre el cacao y el chocolate, aunque en nuestra cabeza y, más aún, en nuestras papilas gustativas están estrechamente ligados. El chocolate ocupa nuestro cerebro, boca, nariz, estómago, deseos, apetitos y fantasías… ¡Así es el chocolate! El cacao está ahí, pero nunca lo mencionamos, ni siquiera cuando pensamos en una taza de la bebida caliente. Bueno, es natural, después de todo es el cacao el que le da el sabor al chocolate. No obstante, en repostería lo tenemos algo más claro: cacao y chocolate son dos cosas distintas con

las que se puede trabajar por separado o juntas. Por ejemplo, en un panqué echaremos cacao, pero la cobertura la haremos con chocolate.

En lo que se refiere a cocina salada, su uso no está tan claro, sobre todo en aquellos casos en los que decidimos arbitrariamente utilizar los dos o uno de ellos, pudiendo alcanzar el éxito pero sin aprovechar del todo su potencial culinario.

Existen muchas recetas de diversos países en los que se especifica claramente cómo utilizar estos dos alimentos. Sin embargo, vayamos primero un poco atrás en el tiempo para tener una mejor panorámica de cómo el cacao y el chocolate llegaron a nosotros.

Los aztecas, una de las antiguas civilizaciones de América, reverenciaban el cacao. Lo llamaban «el alimento de los dioses», a los que honraban preparando una bebida ceremonial llamada *chocolha*. Se preparaba con todo un ritual, que iba desde la extracción de las vainas de cacao a su tueste y molienda con piedras. Luego se añadía agua caliente y diversas especias, entre ellas chiles.

A finales del siglo XVI, los españoles importaron el cacao y el chocolate a Europa, reservado por aquel entonces a la realeza y a la aristocracia. Hacia el siglo XVII ya existían *cocoa houses* ('tiendas de cacao') en Inglaterra, donde el chocolate estaba a disposición de quien pudiera pagarlo.

En España, la bebida no convenció demasiado porque resultaba amarga, picante y dejaba la boca como manchada de sangre. Pero su aceptación iría en aumento, en parte gracias a los monjes, que se encargaron de difundir el consumo de chocolate en los monasterios. No todos los religiosos estaban de acuerdo con esto, ya que su deglución parecía alejarse de los principios de austeridad y mortificación. Al igual que ocurría con las especias —utilizadas a veces, de hecho, en el chocolate—, se veía en él una vía a la tentación y al pecado. Por otra parte, dividió la opinión de los eclesiásticos sobre si debía o no beberse durante los periodos de ayuno. Al respecto, el cardenal François Marie Brancaccio afirmó en el siglo XVII: «*Liquidum non frangit jejunum*» («el líquido no infringe el ayuno»).

Fue justamente en pleno siglo XVII cuando el chocolate irrumpió con fuerza entre las clases altas españolas. En las tardes de merienda (agasajos), los nobles degustaban chocolate caliente con panquecitos y otros dulces para mojar. En verano se ofrecía frío, en un recipiente que se conocía como búcaro de nieve.

Como el chocolate se consumía muy espeso, las manchas que dejaba al derramarse no eran agradables. Al marqués de Mancera, virrey del Perú, se le ocurrió crear una bandeja especial para colocar la taza, recipiente que guardaría el nombre de «mancerina» en honor a él. Según el nivel social, podía ser de plata, porcelana o barro.

España puso de moda el chocolate en toda Europa, especialmente en Francia. Luego, bajo el reinado de Carlos III, se sentarían las bases de una producción y comercio importante, con materia prima de Venezuela. Así, el producto llegó a las casas españolas a través de las tiendas de ultramarinos.

Mientras tanto, en México, además de beber chocolate, se cocinaban moles, salsas especiadas con chiles y otros ingredientes a los que se añadía chocolate y maíz o tortillas para espesar. Pero sería a partir del contacto con los españoles que estas salsas se volverían aún más complejas. Leí hace poco en un libro sobre cocina oaxaqueña que el mole, esencia de su gastronomía, se hacía con los cuatro grandes ingredientes que México otorgó al resto del mundo: maíz, chiles, chocolate y jitomates. Sin embargo, también dependía de algunos ingredientes procedentes de otras partes del mundo: canela, anís, comino, ajonjolí y orégano. El mole, explicaba, es un plato marcado por el destino: todo ha ocurrido como ha ocurrido para que el mole sea lo que es.

México cuenta con un gran número de moles, aunque uno de los más conocidos es el mole poblano, sobre el que sobrevuelan varias leyendas acerca de su origen. Los moles son laboriosos porque suelen hacerse para mucha gente en ocasiones festivas, pero si haces una cantidad relativamente pequeña la experiencia es inolvidable porque tu casa quedará impregnada de los chiles tostados, las especias dulces y, cómo no, del embriagador aroma del chocolate.

A partir del siglo XVIII, el chocolate empezará a usarse en repostería, cambiando para siempre el panorama gastronómico no solo de España, sino de Europa y, con el tiempo, del mundo entero.

El universo dulce del chocolate y del cacao es muy conocido, pero su utilización en platos salados quizás no lo sea tanto. Se conocen algunas recetas populares como el chili con carne: yo siempre le añado una cucharada colmada de cacao puro y al menos cuatro o cinco onzas de chocolate negro, a ser posible con un porcentaje de cacao del 60% o más, para que le confiera el dulzor justo al guisado y lo oscurezca.

En la cocina española hay varias recetas muy interesantes con chocolate que suelen tener de base un buen sofrito de cebolla, como el conejo y los pichones en salsa de chocolate. Por otra parte, producto del contacto con los territorios de ultramar, en la cocina catalana el chocolate está muy presente. Quizás se deba también a su gusto tradicional por la mezcla de dulce y salado, herencia de la cocina medieval, marcada por el uso de especias como el jengibre o la canela. Entre los platos catalanes más singulares encontramos la langosta al chocolate, receta ampurdanesa en la que el crustáceo se cuece a fuego lento en una salsa de chocolate negro con cebolla, ajo, vino y varias especias. O los caracoles con langosta y el pollo con langosta, ambas guisadas con chocolate según la tradición de platos de mar y montaña.

También encontramos recetas españolas con chocolate, como las carrilleras de cerdo guisadas que se hacen en varias regiones o el rabo de toro en salsa de chocolate.

Para cocinar recetas saladas con cacao y chocolate hay que tener en cuenta qué sabor y textura se quiere aportar al plato. Por ejemplo, los nibs de cacao (trocitos de cacao sin moler) aportan una textura crujiente, las onzas de chocolate o las habas de chocolate fundidas otorgan untuosidad a las salsas y el cacao puro en polvo aporta sabor y notas ligeramente amargas y torrefactas. En cuanto al tipo de chocolate, si se eligen onzas o habas, lo mejor es que el porcentaje no baje del 60%, y mejor aún si es del 70 o del 80%. Si decides utilizar chocolate con leche, añade muy poquito para dar solo un toque al plato.

En lo que se refiere a los alimentos que podemos cocinar con ellos, no hay reglas escritas. Las carnes de cazas son un acierto, pero también va bien con vegetales dulces como las zanahorias o los camotes. En ensaladas puedes añadir un poco de cacao a la vinagreta o los nibs a modo de frutos secos. Puedes variar un poco alguna de tus salsas de almendra o una receta de curry. El chocolate armoniza bien con los kormas, curries que se preparan con frutos secos. Para jugar con el color, aparta un poco de la salsa resultante y funde en ella unas onzas de chocolate negro. Sirve primero el korma y encima un poco de la salsa con chocolate. Acompáñalo con arroz basmati perfumado con canela en rama, anís estrella y laurel.

Ten a la mano un bote dosificador con cacao puro para espolvorear en el café, en unas tortitas o en chocolate caliente con malvaviscos.

Las propiedades se encuentran en el cacao, lo que significa que cuanto más cacao contenga el chocolate que consumamos, mejor será para nuestra salud. Al igual que en cocina, se recomienda comer chocolate con al menos un 60% de cacao. Si tiene más, mejor. Todos esos flavonoides que contiene ayudan a proteger el corazón de diversas maneras. Elige bien el chocolate que consumes. No solo es importante el porcentaje de cacao que contenga, sino también su procedencia; es decir, que se produzca en las mejores condiciones posibles en términos de sostenibilidad y de ética.

Otros usos del cacao en polvo es mezclarlo con azúcar glass para espolvorear en fresas, helados o natillas. Para terminar postres o como antojo dulce, baña hojas de menta en chocolate fundido y déjalas enfriar hasta que se endurezcan. Cuando quieras oscurecer una salsa algo apagada, añade un poco de cacao en polvo. Y, cómo no, añade cacao en polvo a mezclas de especias para asar pollos, costillas o la pieza de carne que más te guste.

COCO

El coco se ha utilizado desde hace siglos en las regiones donde se cultiva. Su aceite, presente en la fruta en porcentajes muy elevados (hasta un 82%), es una grasa saludable. En ayurveda se considera entre los que tienen más propiedades en cocina, por detrás, eso sí, del ghee o del aceite de oliva.

Su uso en postres tiene sus adeptos y sus detractores, pero son muchas las deliciosas recetas que se preparan con esta fruta tropical. Recuerdo alguna receta ya pasada de moda, como la de las bolas de coco y leche condensada que nos enseñaban a hacer en los clubes infantiles —ahora campamentos urbanos— junto con la de brazo de gitano con pan de caja. A mí siempre me parecieron empalagosas, pero entiendo que eran fáciles de hacer, como jugar con plastilina casi, y no se corría el riesgo de que ningún niño se cortara o se quemara. Mi amor por el coco llegaría más tarde, al descubrir otras cocinas del mundo que utilizan coco rallado, leche de coco o crema y aceite de coco. Mis años en Londres fueron decisivos. Allí, donde mil culturas convergen, tuve la ocasión de probar por primera vez la cocina tailandesa, cuyo uso de la leche de coco es básico, así como de degustar otros platos de la cocina india que no conocía. Hasta aquel momento, solo había probado el tikka masala y alguna que otra pakora o samosa mojada en chutney o raita. Fue todo un descubrimiento. Las sopas y curries tailandeses —con su sabor cítrico a limoncillo y hojas de lima— me golpearon con fuerza, y quedé prendada de ellas. Lo mismo me sucedió con los chiles y con los curries indios, cremosos, intensos y muy picantes. Con sus innumerables *curry houses*, el nivel de picante al mejor estilo indio —o británico— no es el de las adaptaciones que encontramos en España, a veces más cercanas a cremas pasteleras que a guisados de carne, pescado o verdura.

Del coco se aprovecha todo. Nos bebemos el agua que está dentro, nos comemos la pulpa fresca, dulce y crujiente, y con la pulpa triturada elaboramos la leche de coco. También la manteca y el aceite. Rallado se puede consumir fresco, seco o seco y tostado. Quizás es un poco menos conocida la harina de coco. Procede del sedimento que deja la pulpa tras ser triturada y escurrida en la elaboración de la leche de coco. El sobrante se deja secar al sol y se muele. Es una harina libre de gluten, rica en fibra y baja en carbohidratos. Los usos de la harina de coco son muy variados, desde bases de pizza a galletas, panes o panqués.

En Sri Lanka, el coco se utiliza en todas sus formas, y con la harina se elaboran los rotis, que son un tipo de pan con el que se acompañan entrantes, curries y ensaladas, aunque también se rellenan con varios ingredientes. En Ecuador se preparan los encocados, deliciosos platos cremosos de pescado, mariscos o carne de caza en salsa de coco y que suelen servirse con arroz y patacones. En Costa Rica se prepara el rondón, sopa elaborada a base de pescado, mariscos y tubérculos cocidos en leche de coco. En Taití se prepara pescado crudo polinesio, una especie de ceviche con leche de coco.

En definitiva, las gastronomías de los países en que el coco se cultiva están fuertemente marcadas por su uso. Por lo tanto, no es nada sorprendente que otros países hayan adoptado estas recetas, pues es difícil resistirse a ellas.

Podemos tener siempre a la mano un poco de coco rallado con o sin tostar para echar a las ensaladas o poner encima de los curries, helados o chocolate caliente. También es bastante útil tener leche de coco para realizar salsas, cremas de verduras, cocteles o postres.

La bebida de leche de coco tiene un contenido en agua mayor que la que se utiliza en cocina y un aporte calórico menor. Resulta más ligera, más digestiva y es más adecuada para echar en el café; tomarla fría en verano —aromatizada con canela y limón, a modo de leche merengada—, o caliente, con cacao y un poco de pimienta cayena molida, resulta una delicia.

El aceite de coco tiene un sabor particular para tener en cuenta cuando se cocina con él. Es muy sabroso para hacer arroz frito o saltear un poco el sobrante del día anterior. Recuerda que para hacer arroz frito, el arroz tiene que estar cocido y totalmente frío, mejor si es del día anterior y está frío del refrigerador.

También las hojuelas de coco tostadas son muy ricas y muy útiles en cocina. Proveen de notas crujientes a las ensaladas y sirven para decorar platos de todo tipo, como guisados o ensaladas de fruta.

Congela la leche de coco que te sobre: congela bien si no se ha cocinado. Puedes guardarla en un bote de cristal o hacer cubitos para añadir a los platos siempre que lo necesites. No olvides que la leche de coco, aunque no esté azucarada, confiere cierto dulzor, lo que puede sacarte de un apuro si una salsa te queda muy fuerte o muy picante.

TÉ

El té es una de las bebidas más famosas que existen y la más consumida después del agua. Proviene de la *Camellia sinensis*, originaria de China, y muchas de sus variedades —como la *assamica* o la púrpura— también se cultivan con el fin de producir té.

No existen distintas camelias para los distintos tipos de té; es decir, el té blanco, verde, negro, oolong y pu-erh proceden de la misma planta aunque su origen varíe. No obstante, determinadas regiones producen solo ciertos tipos de té. Por ejemplo, Japón produce principalmente té verde, mientras que China produce todo tipo de tés, algo bastante lógico teniendo en cuenta que es su lugar de origen. La *Camellia sinensis* es sin duda la planta que más variedades de té produce, resultado de momentos específicos de cosecha, maduración de las hojas, procesos de secado, oxidación y fermentación, etcétera.

Pero esta bebida milenaria tiene que decir algo más al respecto. Se bebe pero también se come. Como ingrediente culinario es bastante desconocido. Cocinar con té puede parecer algo novedoso, pero lo cierto es que se usa desde hace siglos, sobre todo en Asia. La adopción del té como ingrediente en el mundo occidental es más reciente.

Los tés más utilizados en cocina son el keemun y el lapsang souchong chinos, el genmaicha y el matcha japoneses y de los aromatizados sin duda el Earl Grey, cuya base suele ser un té negro chino o indio aromatizado con bergamota. Pero no son los únicos. Sobre todo en coctelería, el uso del té ha crecido exponencialmente, en especial en la preparación de cocteles sin alcohol, pero también en combinaciones tan interesantes como pu-erh y vinos generosos, tés ahumados y whisky, tés afrutados y ginebra o cava, etcétera.

HUEVOS DE TÉ

Para 4-5 huevos:
2 tazas de agua hirviendo
6-7 g de té negro
1 palo de canela o 1 trozo de casia
1 anís estrella
½ cucharadita de pimienta de Sichuan
2 hojas de laurel
3 cucharadas de salsa de soya oscura

Se trata de una receta tradicional china que consiste en cocer huevos y luego marinarlos en té negro y especias. Se comen como aperitivo o para acompañar platos de arroz, fideos o sopa.

Para prepararlos, hacemos una infusión algo cargada de té negro (unos 6 o 7 gramos para cada dos tazas de agua hirviendo) y la dejamos infusionar unos 4-5 minutos. Colamos el té y añadimos el palo de canela o el trozo de casia, el anís estrella, la media cucharadita de pimienta de Sichuan y el par de hojas de laurel. Si no tenemos las especias por separado, podemos añadir una cucharadita de cinco especias chinas. Agregamos en ambos casos 3 cucharadas de salsa de soya oscura y llevamos todo a ebullición un par de minutos.

Mientras tanto, cocemos 4-5 huevos entre 8 y 12 minutos, dependiendo de cómo deseemos la yema. Escurrimos los huevos y los hacemos rodar por la encimera o en una tabla de cortar, presionando un poco para que la cáscara se vaya partiendo sin desprenderse. Los dejamos reposar en el marinado entre 12 y 24 horas.

Cuando los pelemos tendrán un bonito aspecto marmoleado y un delicioso sabor especiado. Para utilizar el marinado otra vez, lo congelamos y volvemos a hervirlo antes de reutilizar.

LAPSANG SOUCHONG

Se trata de un té chino ahumado con madera de pino o ciprés y es uno de los más interesantes para cocinar. Con este té podemos trabajar de distintas formas. Puedes utilizar la infusión hecha con lapsang como parte del agua para cocer arroz o pasta o como caldo en salteados de verduras, de salmón o solomillo de cerdo a la plancha.

Prepara una infusión cargada de lapsang (2 cucharaditas de postre por cada taza de té), déjala infusionar 4-5 minutos y cuélala.

También puedes pulverizar o simplemente romper unas hojitas de este té con los dedos para terminar platos a modo de perejil; pulverizarlas y utilizarlas en marinados de carne o pescado, o dejarlas enteras y asar la carne o el pescado envueltos en ellas (luego retíralas para que no amarguen en la boca). Para esta última receta te aconsejo que la pieza que vayas a cocinar esté envuelta a su vez en papel aluminio o de horno para que el calor no seque las hojas de té.

SOLOMILLO DE CERDO CON LAPSANG SOUCHONG

Para 2-3 personas:
1 solomillo de cerdo cortado en tiras o medallones
50 g de almendras
1 pimiento morrón rojo cortado en tiras
1 cebolla morada cortada en tiras
200 g de champiñones en rodajas
1 taza de lapsang recién hecho
Aceite de girasol o de oliva suave
Sal y pimienta

En un sartén con un poco de aceite salteamos a fuego fuerte la carne salpimentada. Añadimos las verduras y las almendras sin bajar el fuego, y cuando estén doradas agregamos el té. Cocinamos todo un par de minutos más.

Si se quiere espesar un poco el jugo resultante, diluimos en un poco de agua fría una cucharadita de maicena y lo echamos al sartén. Removemos mientras se espesa.

Servimos con arroz al vapor o papas cocidas, o con fideos de arroz.

Earl Grey

Es uno de mis tés favoritos para cocinar. Este té negro aromatizado con bergamota ha dejado tras de sí tantas leyendas que no es de extrañar que se haya convertido en todo un símbolo para novelistas, amantes de la historia turbia de los siglos XVIII y XIX, fetichistas de la porcelana fina o aquellos que encontraron en él un sinfín de posibilidades gastronómicas. Su infusión o sus hojas tal como las adquirimos —perfumadas con bergamota, y acompañadas a veces de flores de pincel— son ideales para preparar panqués y pastelitos, mermeladas, crema pastelera o un buen gimlet para tomar como aperitivo antes de la cena (o para alargar la noche).

Si vas a utilizarlo en seco, tritura un poco las hojas para que se mezclen bien con la masa y no amarguen en la boca. Su infusión en agua puede servirte para hacer puré de manzana, pera o membrillo. Infusionándolo en leche o crema podrás hacer salsas dulces o saladas, cremas, panna cotta o helado. En salado, su infusión puede aromatizar arroces o salteados de verdura, o puedes utilizarla para hacer pescados pochados o en salteados a fuego alto, tal como se utiliza el lapsang. Las notas cítricas aportarán un sabor nuevo y sutil.

Genmaicha

El genmaicha, a veces llamado popularmente el té de las palomitas, es un té verde japonés al que se le añade arroz tostado. En ocasiones, los granos de arroz tostado se inflan como las palomitas, sembrando de nubecillas blancas este delicioso té. Acompaña muy bien a todo tipo de platos, tanto dulces como salados, pero más interesante aún es lo que puedes cocinar con él.

El ochazuke, que significa «empapado en té», es una sopa japonesa hecha con té verde y arroz. Es muy popular en los hogares japoneses por su fácil preparación y por ser económico. Combina con otros muchos ingredientes de la cocina japonesa, y en muchos sentidos es un plato de aprovechamiento. Se suele preparar con ingredientes previamente cocidos, así que se tiene costumbre de reservar el arroz sobrante de una comida anterior. Para su preparación, se coloca todo en un tazón y se vierte encima el té verde.

Este tipo de técnica culinaria se lleva a cabo en Japón desde el periodo Heian (siglos IX-XII), pero el ochazuke tal como lo conocemos hoy en día se comenzó a preparar durante el periodo Edo (siglos XVII-XIX).

Se puede preparar con bancha, houjicha o sencha, pero yo lo prefiero con genmaicha por su sabor ligeramente tostado.

OCHAZUKE CON SALMÓN

Para 4 personas, como entrante:
200 g de salmón a la plancha o en papillote
300 g de arroz hervido
800 ml de agua
4 cucharaditas de té genmaicha
1 lámina de alga nori
Ajonjolí crudo o tostado
Umeboshi (ciruela en conserva), sal y un poco de sake

Salamos el salmón y lo dejamos reposar 10 minutos.

En un sartén sin aceite tostamos por ambos lados la lámina de nori, con cuidado de no quemarla.

Pintamos con sake el salmón y lo cocinamos en ese mismo sartén. Lo dejamos enfriar un poco, le quitamos espinas y piel y lo desmenuzamos en lascas pequeñas.

Si utilizamos ajonjolí crudo, lo tostamos, con cuidado de no quemarlo.

Cortamos la ciruela en trozos pequeños.

Repartimos en cada recipiente el arroz, y colocamos encima el salmón, los trozos de alga nori tostada y el umeboshi. Decoramos con el ajonjolí.

Para preparar el té, vertimos en las hojas de té agua caliente a unos 70 °C y lo infusionamos 2 minutos. El té estará listo para bañar los recipientes y disfrutar de una deliciosa sopa: hay que verterlo justo antes de servir (se puede llevar la tetera a la mesa).

Esta es solo una de las múltiples formas de preparar el plato. Podemos añadir salsa de soya, utilizar otro tipo de algas o de conservas y terminar el plato con algún furikake.

MATCHA

El té matcha es un té japonés en polvo que irrumpió en nuestras vidas como un tsunami hace algunos años. Llegó, desde el lejano y mítico Japón, para quedarse y creó la necesidad de tomarlo más allá de la ceremonia japonesa, desprovisto de todo artificio o protocolo, mezclado con leche de vaca, luego con leches vegetales y ahora hasta con café.

Producto de las modas, llegó para hacerse con un puesto privilegiado en cafeterías y teterías de todo el mundo. Como toda moda, también tiene sus archienemigos, aquellos que ven como un sacrilegio que un té concebido para la reflexión filosófica y el deleite estético, y cargado de simbolismo abstracto, se haya visto confinado a un vaso de cartón ahogado en leche y azúcar.

Pero lo cierto es que gusta, y su imparable caterva de seguidores no se iba a conformar tan solo con la bebida. En nuestro anhelo por probar cosas nuevas y experimentar con otros ingredientes, el matcha se ha convertido en un elemento indispensable de múltiples recetas dulces, licuados, bowls de avena, etc. Su sabor herbal, su ligero amargor y sobre todo su atractivo color verde jade son sencillamente irresistibles.

En comida, determinados colores se rechazan por motivos culturales y de otra índole. El negro de la tinta de calamar no es del gusto de todos por buenos que estén los chipirones o el arroz que con ella se preparan. El azul se rechaza totalmete, pues suele ser producto de colorantes artificiales, a excepción de la mariposa azul del chícharo (que describo en el apartado de las flores comestibles). Pero el verde..., el verde se abraza como una promesa de eterna juventud, de limpieza de todo pecado de gula cometido. Gusta pero, sobre todo, cura, depura y nos hace creer en los milagros.

El matcha posee muchas propiedades y un contenido en teína nada despreciable. Es un té que se bebe y se come y, como buen té verde, está lleno de antioxidantes y un sinfín de cosas buenas para nuestra salud. Pero no nos engañemos: no muchos eligen tomarlo solo. En general, se prefiere tomarlo en alguna de las recetas dulces que lo llevan.

Los deliciosos financiers, esos panquecitos rectangulares que se ven en las cafeterías de especialidad, de bordes dorados y corazón esmeralda, están realmente ricos y son ideales para mojar en el té o el café. La panna cotta, receta italiana mil veces versionada, encuentra en el matcha una nueva posibilidad de conquistar las mesas a la hora del postre. El bowl de avena, espolvoreada con el brillante té, ya no nos parece tan aburrido ni (con todo mi respeto) sacado de un recetario de posguerra. El chocolate con matcha y sus innumerables versiones nos atrae irresistiblemente; el ligero amargor del té desaparece aturdido por el chocolate blanco de base con el que se prepara.

Que apareciera el deseo de superar los límites de las preparaciones dulces era solo cuestión de tiempo. Al tratarse de un té en polvo, es fácil de mezclar casi con cualquier alimento: harina, queso, crema, purés de legumbres... Lo veremos en recetas de pasta fresca, cremas de queso para dipear o untar, hummus o distintos panes o galletas saladas.

Si optas por cocinar con matcha, te dejo algunas recomendaciones para tener en cuenta:

— Evita el calor directo; procura añadir el matcha fuera del fuego a salsas, guisados y otras recetas calientes.
— Recuerda que el calor del horno apaga el color del matcha, aunque en el interior de lo que hornees se conservará un bonito verde pálido.
— El matcha seca, quiero decir que quizás necesites en la receta algo más de aceite, mantequilla o crema.
— Tamiza el matcha para evitar grumos, especialmente en masas de panqués, galletas o panes.

CAFÉ

- Elige un matcha de tu preferencia, aunque es aconsejable utilizar uno culinario de calidad, cuyo precio será inferior al del ceremonial y cumplirá la misma función. Reserva el ceremonial para preparaciones en frío, como un frappé o un helado cremoso.
- Adquiere matcha en pequeñas cantidades. Lo normal es que se venda en formatos de 30 o 40 gramos. Consérvalo protegido de la luz, del calor y de la humedad.
- Si lo vas a poner en un bote dosificador, pon solo un poco y gástalo pronto. El matcha es un té delicado, muy sensible a la luz.
- Si decides mezclarlo con espirulina para intensificar el color de tus masas, recuerda que tiene un sabor peculiar que podría alterar el resultado de la receta.

CAFÉ

El café procede de Etiopía (el oro negro etíope), una de las primeras moradas del *Homo sapiens* y el país más antiguo de la Tierra. Al igual que el té, el café ha dado origen a una economía propia. Ha enriquecido a comerciantes occidentales y empobrecido a productores. Y ha dado origen a las cafeterías, lugares de encuentro para escritores y políticos, donde se han gestado obras literarias, acuerdos comerciales y alguna que otra intriga política. Balzac, hacia el 1800, decía en su *Tratado de los excitantes modernos* que en cuanto el café llega al organismo, las ideas se ponen en marcha como batallones de ejército. El café consiguió además erigirse como bebida popular, desbancando en muchas ocasiones al té y al chocolate, hasta el punto de que en la actualidad forma parte indiscutible de cómo enfrentamos el día u organizamos nuestro tiempo libre. El café nos ayuda a sobrellevar los quehaceres diarios, el trabajo, los estudios, etcétera.

Por otra parte, el café también mantiene una estrecha relación con la comida. En primera instancia, si nos preguntan cómo utilizar el café en cocina, lo primero que se nos vendrá a la cabeza serán recetas dulces: caramelos, macarons rellenos de crema, pasteles de chocolate y café, mousse de café con algún licor... Todo lo imaginable en repostería, sobre todo cuando va acompañado de chocolate. Pero el café, con su aroma envolvente y sus notas afrutadas —a veces ligeramente amargas—, no solo se utiliza para hacer galletas y postres, sino que también resulta muy interesante en coctelería, encontrando grandes aliados en el whisky, el ron, el brandi y la ginebra. De la misma manera que para asar carnes resulta espectacular mezclado con paprika, ajo, cebolla y chiles, por mencionar algunas especias con las que combina bien.

Aquí tienes la receta de una mezcla clásica para hacer carnes a la brasa muy popular en Estados Unidos:

COFFEE RUB

1 cucharada de sal
2 cucharadas de café molido
1 cucharada de azúcar morena
1 cucharada de paprika
1 cucharadita de cilantro molido
1 cucharadita de pimienta negra molida
½ cucharadita de ajo molido
½ cucharadita de cebolla molida

Esta mezcla se suele utilizar en seco; es decir, frotando la carne directamente con ella (rub). Pero, si lo preferimos, podemos poner un poco de aceite o un poco de bourbon, o ambos.

Podemos añadir un poco de café a las carrilleras guisadas o a un estofado de ternera con cerveza negra, ya que esta cerveza comparte con él notas de sabor y combinan muy bien tanto en dulce como salado. Esa rica tarta Guinness...

FLORES

Me declaro una ferviente admiradora del perfumado y extremadamente hermoso mundo de las flores comestibles y sus derivados. Frescas, secas, cristalizadas, en extractos y aguas florales... han adornado, enriquecido y perfumado platos dulces y salados desde hace miles de años. Sin duda, tienen un hueco entre las especias más antiguas y relevantes de la historia. Recordemos que el azafrán, el clavo y el lúpulo son, al fin y cabo, flores o parte de ellas.

Pero no son las únicas. De hecho, es más fácil que nos vengan a la cabeza la rosa, el azahar, el jazmín, el geranio o la lavanda. También las mimosas, las violetas, el cártamo, los cempasúchil, el aciano, el loto, la caléndula, el girasol y los mastuerzo. Quizás se nos olviden las sabrosas alcaparras, que también son flores y que cuentan incluso con su propio epígrafe entre las ayudas culinarias de este libro.

De las flores, como de tantos otros miembros comestibles del reino vegetal, se ha escrito algún que otro libro y alguna que otra receta, donde aparecen frescas, mostrando sus hermosos colores en apetecibles ensaladas coronadas con cremosa burrata, en antiguos kormas blancos de influencia mogol o en el emplatado de los más refinados bocados de vanguardia. Secas las encontramos en cremosas natillas, crujientes galletas, en mezclas de especias —como las hierbas provenzales (lavanda) o el advieh (rosas)— o como ingrediente de los más delicados tés y tisanas. Cristalizadas culminan tartaletas,

embellecen pays o relucen en bomboneras de cristal a modo de antojo dulce para después de la cena.

Hay unos pétalos cristalizados de los que me gustaría hablar un poco más a detalle: los pétalos de violeta. Si no los has visto cristalizados, te recomiendo que los pruebes. Son como pequeñas joyas cubiertas de un color intenso cuya capa azucarada brilla ligeramente a pesar de haber absorbido el color de las violetas. Aunque se pueden adquirir en confiterías, su popularidad no es tan grande como la de los asequibles y ricos caramelos de violeta, que pueden transformarse en azúcar glass y saborizar cremas, mousses y helados. Seña de identidad de Madrid, nacían en la bombonería más antigua de la capital, La Pajarita, en 1852. No obstante, este caramelo hecho con esencia de violetas también es tradicional en algunas ciudades francesas, como Toulouse, pero su aspecto en forma de flor se patentó en la capital española.

Pero quizás la forma en la que más se han utilizado las flores con fines culinarios sean las aguas florales. Técnicamente hablando, son hidrolatos; es decir, aguas que se generan a partir de la destilación de los aceites esenciales de flores frescas, lo que permite que mantengan todas sus propiedades curativas, pero en una concentración más baja, facilitando su utilización y su manipulación, con menos riesgos que la de los aceites esenciales. Se han utilizado desde la Antigüedad en cosmética y medicina, pero también en cocina, para aportar aroma y sabor.

No obstante, en la práctica hay que distinguir entre agua floral e hidrolato floral. La primera suele ser más fuerte, puede llevar conservantes naturales o sintéticos y puede no ser apta como cosmético. No representa un riesgo para la salud si se utiliza para cocinar, siempre que así se indique. Por el contrario, un hidrolato de calidad será 100% puro, BIO, sin adición de conservantes.

Las aguas e hidrolatos más comunes en gastronomía son las de rosas y las de azahar. En la gastronomía española medieval, por influencia árabe, se utilizaban mucho en repostería. En la actualidad, ha prevalecido el hidrolato o agua de azahar, quizás por la gran cantidad de naranjos que tenemos o porque su producción es más rentable que la de agua o hidrolato de rosas. El agua de azahar es indispensable para hacer rosca de Reyes y otras recetas dulces, y también se añade a tajines marroquíes, curries indios, infusiones, aderezos para ensaladas, cocteles, almíbares y chantilly.

En la cocina de Oriente Medio, no es raro ver otras aguas o hidrolatos de flores junto al de azahar y al de rosas. El de geranio, que se obtiene de sus flores y de sus hojas, se emplea también para aromatizar infusiones, limonadas y cordiales, pero puedes utilizarlo en un almíbar o una crema para batir, en la leche para hacer natillas, en la masa de un pan y de galletas o en un arroz de acompañamiento. Además, tiene propiedades refrescantes y relajantes. Ofrece agua de geranio a tus invitados para que se perfumen las manos después de comer, como hacen en el norte de África. Si, además, preparas una deliciosa infusión de cedrón con unas gotas de hidrolato de geranio, el éxito está asegurado.

Con el agua o hidrolato de lavanda hay que ser un poco más prudente, pues es un aroma que tenemos estrechamente asociado a la cosmética. Resérvalo para ensaladas de frutas, mermeladas, infusiones y limonadas.

El agua de kewra se obtiene de la destilación de la flor del pandanos, un árbol originario del sudeste asiático y de la India. Se utiliza sobre todo para preparar dulces, pero también para aromatizar arroces o guisados de carne. En Occidente es menos conocida, aunque la puedes encontrar en tiendas especializadas en productos asiáticos.

En cuanto al jazmín, no es difícil hacerse con su aceite esencial, pero hay que ser muy prudente si no queremos convertir nuestros platos en jabones y sales de baño. Un par de gotas bastan para perfumar la crema o un arroz de acompañamiento. Lo mismo se aplica a mermeladas, cordiales, cocteles, etcétera.

Las flores tienen algo de decadente y de novedoso a la vez. Adornan y nutren, realzan los platos más sencillos y nos ofrecen sus propiedades calmantes y digestivas.

En su forma de agua o hidrolato, tienen una caducidad relativamente corta, por eso es conveniente comprarlas en formato pequeño, a no ser que estés en plena fiebre navideña *rosquil* y necesites un formato mayor de agua de azahar. Después de todo, es la más utilizada tanto en dulce como en salado.

Los pétalos frescos tienen una vida aún más corta, y su precio suele ser elevado. Cómpralas para usarlas enseguida o se marchitarán y perderán todo poder ornamental. Asegúrate de que son aptas para consumo, sin pesticidas.

Las flores secas son una apuesta segura. Protegidas de la luz y guardadas en botes herméticos duran mucho. Aunque no tengan la fuerza de las flores frescas, sirven para dar un bonito acabado a tus platos y para preparar deliciosas y relajantes tisanas. Entre las más potentes se encuentran las rosas y la lavanda.

FLOR DE MARIPOSA AZUL

En la isla de Ternate, en las Molucas, allá donde crece el clavo, se registra por primera vez otra flor, la *Clitoria ternatea*, llamada así por su semejanza con los genitales femeninos (de hecho, también recibe el nombre coloquial de conchita azul). Originaria de Asia, será introducida por el hombre en África, América y Australia. Utilizada como planta forrajera, también se le da uso medicinal, cosmético y culinario.

Sus pétalos secos se utilizan para preparar una infusión. A veces se mezcla con otras hierbas y flores, pero es común en Tailandia y Vietnam tomarla con miel y limón. El té de mariposa azul se llama anchan.

En la India, donde recibe el nombre de la diosa hindú Apajarita, se utiliza desde hace siglos en la medicina ayurvédica para tratar el insomnio y la depresión. También para mejorar la memoria.

Más allá de la medicina y las tisanas, la flor de mariposa azul (su infusión o sus pétalos pulverizados) se utiliza como colorante natural para alimentos o bebidas, arroces, cremas, vodka y ginebra, entre otros. En Tailandia y Malasia se prepara un postre a base de arroz glutinoso, leche de coco y mariposa.

En coctelería es, sin duda, donde esta mariposa azul se luce con todas sus galas. Tomando como ejemplo bebidas frías y calientes de su tierra de origen —donde agua o leche adquieren un hermoso color azul—, se maceran las flores en bebidas alcohólicas transparentes como el vodka y la ginebra para luego combinarlas con cordiales, jugos o refrescos. Lo interesante es que la infusión o maceración azul se vuelve púrpura al contacto con tónica, jugo de limón o de lima, o roja si se le añaden pétalos de hibisco.

El azul de sus pétalos se debe a su alto contenido en antocianinas, pigmentos antioxidantes que también se encuentran en otras frutas y verduras de color azul o morado. Cuando la infusión de estos pétalos entra en contacto con una sustancia ácida, su pH cambia, haciendo que su color azul se transforme en violeta, púrpura, rojo o rosa dependiendo de la acidez de la sustancia que se le añada. Y, como por arte de magia, si añadimos bicarbonato sódico, el pH vuelve a cambiar y la infusión vuelve a ser azul. Esto solo se hace como curiosidad, ya que el bicarbonato alterará el sabor tanto de la infusión como del coctel que estemos preparando.

La flor de la mariposa azul, con su fascinante y atractiva mutación en contacto con el ácido, se ha hecho viral y ha encontrado todo tipo de aplicaciones culinarias: gelatinas, panna cottas, helados, nieves, salsas, arroces y bebidas mágicas que cambian de color ante tus ojos.

Si utilizas las flores secas con dos o tres tendrás para prepararte una infusión. Si quieres infusionarla en crema o leche, pon unas ocho flores o un cuarto de cucharadita de pétalos molidos. En frío tarda algo más, pero los resultados son excelentes si se tiene un poco de paciencia.

Para el arroz, utiliza la infusión azul como parte del agua para el cocinado o espolvorea el molido hacia el final de la cocción sin remover hasta que se absorba. Luego ahueca el arroz. Te quedarán granos blancos, azul claro y azules. Sírvelos con un cuarto de limón para que los comensales se echen unas gotas y vean cómo cambian de color.

La infusión de mariposa es muy saludable y te ayudará a conciliar el sueño. Es de un sabor muy suave y no hace falta endulzarla, pero si lo vas a hacer, mejor que sea con miel.

ALCAPARRAS

Las alcaparras son las flores de la *Capparis spinosa*, una planta que crece en suelos pedregosos de todo el Mediterráneo. Francia, España, Italia, Argelia, Irán y Grecia son grandes productores, pero es en Chipre donde más se cultiva esta planta.

Las flores desarrollan su sabor una vez en conserva. Luego se venden en vinagre o en sal, siendo estas últimas mucho mejores porque conservan más el sabor. En Italia se prefieren así. Antes de usarlas, hay que dejarlas remojar unas horas para que no resulten demasiado saladas.

Las alcaparras en vinagre son más fáciles de encontrar, pero no siempre son de buena calidad. Una vez abierto el bote, hay que conservarlas en el refrigerador.

Su sabor potente y astringente confiere fuerza a otros alimentos más suaves, como los huevos cocidos, pero donde despliega todos sus encantos es en las salsas para acompañar carnes y pescados de todo tipo. Sus frutos, los alcaparrones, cuyo principal productor es España, se comen en conserva y acompañan en el aperitivo a aceitunas y piparras. También se pueden poner en ensaladas.

Las alcaparras fueron introducidas en América Latina por los españoles. Allí se utilizan para hacer un picadillo con carne de ternera o cerdo, aceitunas, pasas y especias. Y, si sobra, ¡papas rellenas!

Prepara deliciosas salsas para pescado con alcaparras, anchoas, mantequilla y hierbas tiernas, como el estragón o el cebollín. Añade estas sabrosas flores a tu ensalada rusa, y no las olvides para hacer salsa putanesca italiana.

ESPECIAS OLVIDADAS

Hemos emprendido un viaje juntos por el mapa de las especias. Muchas de ellas se utilizan desde hace miles de años, pero desde una perspectiva puramente occidental se toma como punto de referencia la Edad Media europea, momento en el que un deseo incondicional, una obsesión por las especias de Oriente, irrumpe con fuerza, haciendo surgir la imperiosa necesidad de ir en su búsqueda más allá de los límites del mundo conocido, y dando comienzo a lo que muchos autores denominan la primera globalización.

Los motivos de su éxito residieron principalmente en su origen misterioso, su versatilidad y su elevado precio. Provenientes de lugares abstractos envueltos de incógnitas, llegaban a Europa de la mano de hábiles e incansables mercaderes. Su origen era «el Paraíso», un lugar oriental situado supuestamente entre la India y China. Dotadas de cualidades mágicas, arcanas y sagradas, se vendían a precios exorbitantes entre las clases altas.

Su valor, a veces superior al del oro, dotaba a quien las compraba de un estatus social privilegiado. Para alcanzar tal efecto era esencial consumirlas en público, ya fuera en deliciosos y complicados platos, como medicina o para aromatizar las habitaciones donde se recibía a los invitados. Solo los moralistas, defensores de una vida más simple y racional, renegaban de ellas.

Pero ciertas características iban más allá aún, pues el olor que desprendían algunas de ellas no podía ser otro que el de la santidad. Por su delicado aroma y por sus propiedades medicinales daban además sensación de salubridad. En las iglesias, especialmente, se quemaban las especias resinosas, como el olíbano —incienso—, que purificaban el ambiente y creaban una atmósfera de calma. Su carga simbólica acercaba sin ninguna duda a Dios.

Lujosas y hermosas, las especias perfumaban estancias, protegían de la peste y de otros males y otorgaban prestigio. En las cocinas, palaciegas y monacales, obraban su magia, dando lugar a exquisitos y delicados platos.

Te invito a emprender otro viaje, quizás más extraño y misterioso, a través de una serie de sustancias de las más diversas procedencias que han caído en el olvido, o cuyo uso ha quedado relegado a algunas escasas preparaciones culinarias, a la cosmética y a la medicina.

Teniendo en cuenta que durante la Edad Media se consideraba especia cualquier producto importado no perecedero, podemos entender que con el paso de los siglos muchos de ellos no sigan utilizándose, ya sea porque han dejado de gustar o por no ser aptos o aconsejables para el consumo humano. Otras han ido ocupando su lugar por modas o porque, desconocidas hasta el momento, hemos aprendido a utilizarlas y hemos terminado adoptándolas, como se hiciera en su día con la pimienta o la canela.

Hacia el siglo XIV existían ya tratados que recopilaban más de trescientas especias, incluyendo varios tipos de jengibre y de canela, pero también alumbre para fijar los tintes y once variedades de cera. Se trataba en su mayoría de un arsenal de plantas olorosas y de productos animales comestibles o no que se utilizaban sobre todo en medicina y perfumería. Entre los comestibles estaban las especias más populares del momento; es decir, la pimienta negra y la larga, el azafrán, los granos del paraíso, la canela y la nuez moscada. Lo sorprendente es que entre ellos también estaba el azúcar, de la que existían nada más y nada menos que trece variedades, como la piedra de azúcar, el azúcar con rosas o violetas, el de Damasco o el de Babilonia.

En esta curiosa lista de especias no faltaban las drogas (medicinas). Aparecían, por ejemplo, dos variedades de opio, sangre de dragón (extraída de varios géneros de plantas) o tutía, considerado una panacea (era óxido de zinc obtenido en bruto de la carbonilla que se respiraba en el interior de las chimeneas y que se importaba desde Alejandría). No obstante, una de las más inquietantes es momia, una especia recogida en las tumbas de los muertos —eso sí— embalsamados. Se utilizaba para detener las hemorragias. Se trataba de una sustancia viscosa que exudaba la cabeza y la columna vertebral del cadáver, resultante de su descomposición.

Dejando a un lado tales substancias que hoy en día no serían aptas ni para los más atrevidos, hablaré de otras peculiares en lo que respecta a la cocina.

ÁMBAR GRIS

Es una sustancia cerosa liberada por los intestinos del cachalote espontáneamente o después de la muerte. Recién expulsado, el ámbar tiene un olor desagradable, un color negruzco y una consistencia suave. Bajo el efecto del agua del mar, se vuelve gris plateado primero y luego casi blanco, se endurece y su olor se refina.

Desde tiempos muy antiguos, el ámbar gris ha fascinado a la humanidad porque no se conocía su verdadero origen y estaba envuelto en un halo de misterio. Por ello se encontraba entre las mercaderías más preciadas que hacían un largo recorrido desde las orillas de alguna playa remota hasta los hogares de los más pudientes.

Dos mil años antes de Cristo, los chinos ya conocían el ámbar gris, al que llamaban perfume de la baba del dragón, ya que suponían que provenía de dragones que dormían en el mar sobre rocas y babeaban en el océano. Por su parte, Avicena, el famoso médico árabe, creía que procedía de una fuente submarina.

Los antiguos egipcios lo utilizaban como incienso y para aromatizar aceites. Los chinos, en medicina tradicional, lo utilizaban para tratar enfermedades respiratorias, como estimulante sexual y para preparar el elixir de la eterna juventud. También fueron los primeros en utilizarlo como especia en cocina, en concreto para aromatizar el vino.

A Europa llegaría durante la Edad Media, a precio de oro o más. Encontró su lugar en las manzanas de ámbar que se utilizaban para proteger de diversos males, y también contra la tristeza, pues se pensaba que estar triste daba pie a la enfermedad.

En siglos siguientes siguió gozando de popularidad. Se cuenta que personajes históricos —como Luis XIV, María Antonieta o el mismísimo Richelieu— eran grandes consumidores de ámbar gris. El primero con sus caldos higiénicos, la segunda con su chocolate caliente y el cardenal era un gran aficionado a las bolitas de ámbar. Suponemos que se trataba de algún tipo de dulce, ya que era común utilizarlas como saborizante en pays y cremas.

Hoy en día se usa casi exclusivamente en perfumería, aunque en la mente de algunos pervive la idea de un misterioso origen y de unas propiedades afrodisiacas infalibles.

SÁNDALO

El *Santalum album* es un árbol originario de la India y otras partes de Asia. De su corteza se extrae un aceite utilizado para perfumar y para equilibrar el sistema circulatorio.

La mención más antigua que se hace de su perfumada madera se remonta al siglo v a. C. en los Vedas. Por lo tanto, en la India es un árbol sagrado, cargado de simbolismo religioso. La madera estaba dedicada al dios Shiva y se utilizó en la construcción de templos y en las esculturas de las estatuas de los dioses. Además, el humo de su corteza se usaba como desinfectante. Sus semillas se utilizan desde hace siglos en la fabricación de malas (rosarios) hindúes y budistas para la oración.

De acuerdo con la fe hindú, el aceite de sándalo era un ungüento que contribuía a la reencarnación. Por eso los gobernantes difuntos eran embalsamados con él. Según una leyenda india, el árbol siempre estaba rodeado de serpientes atraídas por su dulce olor. Además, se creía que el polvo de sándalo servía para neutralizar el veneno de las picaduras de las serpientes y los escorpiones.

En el reino de Al-Ándalus se tuvo constancia de que era muy valioso, sobre todo su madera, que era importada para ser vendida en los zocos. La variedad de sándalo rojo se utilizaba en la cocina medieval como colorante alimentario. Con ambos sándalos se preparaban unas pastas dulces a base de azúcar y agua de rosas.

En algunas culturas se sigue utilizando el sándalo blanco por vía oral, pero hay que ser muy prudentes con este uso, ya que el aceite esencial es neurotóxico. Además, no todos los aceites esenciales de sándalo son compatibles con la ingesta, y, al ser una especia en vías de extinción, se suelen vender aceites adulterados que pueden poner en riesgo nuestra salud.

Por otro lado, el polvo de sándalo rojo se sigue utilizando en productos horneados y para preparar té. Como colorante, se usa para teñir fibras y tejidos naturales. Procede de una variedad distinta que se da en países como Camerún. En barbacoas confiere a los asados un agradable perfume ahumado y balsámico.

BENJUÍ

Se trata de una resina que se extrae de un árbol originario de Java y Sumatra, de la variedad *Styrax*, y se la conoce también como bálsamo de fraile.

Hace siglos, el benjuí se utilizaba en ceremonias religiosas y rituales en gran parte del sudeste asiático, pero también como medicina en la India, China y Japón.

Conocida también en la antigua Grecia, se siguió usando en la Edad Media. Sin embargo, debido a su alto precio, solo la nobleza y el clero tenían acceso a ella. En esta época se usaba también con fines religiosos o para perfumar las estancias. En el *De re coquinaria*, de Apicio, se menciona su uso en varias recetas.

Tiene un alto contenido en vainillina, de ahí que su olor dulzón nos la recuerde. Actualmente se utiliza sobre todo en perfumería.

ALCANFOR

Se trata de una resina extraída del alcanforero (*Cinnamomum camphora*), árbol emparentado con el laurel. Se le conoce también como ravintsara, el bálsamo de las enfermedades, ampliamente utilizado en la medicina ayurvédica. Sus propiedades lo convierten en un eficaz repelente. de insectos. Es antimicrobiano, y actúa como anestésico local ligero y como antitusivo.

En cocina se lo conoce desde la Antigüedad. Se menciona en el Corán, y se usaba para dar sabor a las bebidas y a algunos platos tradicionales en el mundo musulmán.

En la Europa antigua y medieval se usaba como ingrediente para hacer dulces, pero concretamente en Al-Ándalus, en el periodo almohade (siglo XIII), se usó también para la preparación de platos salados y en la fabricación de perfumes, agregándolo a polvos de musgo y sándalo con agua de manzana o agua de rosas.

Hoy en día el alcanfor se usa en Asia como aromatizante en la confección de dulces. Se puede encontrar en tiendas especializadas, etiquetado como alcanfor comestible, pero es peligroso en grandes cantidades.

ALMIZCLE

En antiguos recetarios de cocina andalusí almohade aparecen recetas en las que el almizcle se mezclaba con sábila (madera resinosa y aromática), laurel chino y lavanda de la India. Luego, se añadía azúcar y agua de rosas y se ponía al fuego para obtener una pasta dulce que alegraba el alma y refrescaba el aliento.

El almizcle es una de las sustancias más potentes que existe. Procede de las regiones de Asia central, y es una segregación seborreica de potente olor que está contenida en una bolsa glandular que se halla en el vientre del ciervo almizclero, siberiano o nepalí (menos valioso), así como del tibetano, importado de China y el más valioso de los tres.

En los tratados árabes, se decía que el olor del mejor almizcle se parecía al de las manzanas de Damasco o del Líbano. Además, se le asociaba con el paraíso, que debía oler igual. También se le ha considerado el afrodisiaco por excelencia por su alto contenido en feromonas. De color oscuro, untuoso al tacto y amargo en boca, se ha utilizado principalmente en perfumería para fijar el aroma de otras esencias de origen vegetal. Actualmente, por diversas leyes de protección animal, el almizcle que se utiliza es de origen sintético.

NARDO O JATAMANSI

Es una hierba de la familia de la valeriana que nace en la India y que posee una raíz aromática. De sus rizomas se destila un aceite esencial fragante y medicinal.

El aceite de jatamansi está formado por varios compuestos medicinales, mostrando propiedades antiespasmódicas, carminativas, diuréticas y sedantes. Su uso ha de ser prudente, pues en grandes cantidades es tóxico.

Aparece entre los ingredientes de recetas de la antigua Roma para aromatizar vino. También era conocido en la Edad Media para aromatizar algunos platos, pero sobre todo como perfume.

Su sabor es ligeramente dulce y recuerda un poco al regaliz. Hoy en día se usa casi exclusivamente en cosmética o medicina.

INCIENSO Y MIRRA

El olíbano, conocido en España como incienso o francoincienso, se obtiene cuando la corteza de las *Boswellia* (sobre todo de la *Boswellia sacra*, que crece en Omán, Yemen y Somalia) se rompe y exuda unas gotas de resina. La mirra, también resina, procede de la *Commiphora myrrha*, originaria de Arabia y Abisinia; esta surge en forma de lágrimas semitransparentes y encarnadas, y su sabor es amargo.

Ambas, conocidas desde épocas antiguas, eran apreciadas por sus propiedades medicinales, depurativas y cicatrizantes, y por su aroma y su simbolismo mágico-religioso. No olvidemos que, según la tradición cristiana, serán las tres ofrendas, junto con el oro, que los Reyes Magos de Oriente harán al Jesús recién nacido. En otras culturas, incluso en la actualidad, se siguen usando: el francoincienso, por ejemplo, se utiliza para repeler a las serpientes y alejar a seres malignos.

Estas dos resinas se incluían en algunas recetas de caldos milagrosos cuyo origen pudo estar en los tratados alquimistas medievales. En estas sopas también acompañaban al oro, ya que se creía que sus propiedades curativas lo mismo podían rejuvenecer a las mujeres que hacer brotar nuevos dientes o crecer el cabello.

En el presente, las lágrimas de resina de incienso se mastican en Omán; también se preparan tisanas con ellas para facilitar la digestión. Con la mirra se producen enjuagues bucales y otros productos de cuidado personal, pero su uso es sobre todo externo.

CANTÁRIDAS

La cantárida es un insecto coleóptero también conocido como mosca española. En el pasado, su extracto se presentaba en polvo (obtenido mediante la desecación y el triturado), tintura o aceite y emplasto.

Aunque sus efectos eran conocidos desde la Antigüedad, el principio activo fue descubierto en el siglo XIX. En medicina se usaba principalmente por su poder vesicante para el tratamiento de ulceraciones de la piel. Para tal fin, se aplicaban emplastos que supuestamente ayudaban a eliminar líquidos perniciosos.

Con ella se han tratado otras dolencias a modo de diurético, para la incontinencia urinaria, por ejemplo. En pequeñas dosis provocaba leves molestias en el tracto urinario y priapismo (erección continuada y duradera). Este efecto secundario convirtió a la cantárida en el afrodisiaco de referencia hasta el siglo XVII. El elevado número de envenenamientos que acabaron en muerte hizo que cayera en desuso.

Pero hacia el siglo XVIII volvió a ponerse de moda en Francia, bajo el nombre de caramelos Richelieu, como abortivo, estimulante y hasta como veneno.

Curiosamente, molido aparecía en la mezcla de especias marroquíes ras el hanout, hasta su prohibición en los noventa.

Receta Nº2 : "Seed Cake" Bizcocho de alcaravea
Se trata de una receta tradicional británica que data de los
del siglo XVIII y que se hizo muy popular durante el reinado de
la Reina Victoria. Es el acompañamiento ideal para un buen
de té negro o una copita de vino dulce.
Precalentamos el horno a 180°C
Ingredientes:
125 g de mantequilla
125 g de azúcar fina

OTRAS RECETAS CON ESPECIAS

Las dos primeras recetas de este apartado son de comidas de mi casa —mi *comfort food*—, donde surge mi amor por las especias. Son recetas de mi madre y de mi padre, ¡y también de los dos! Cada uno las hacía a su manera. Mi madre, de manos pequeñas, como las mías, es más de fiar a la hora de entender ciertas medidas: una puntita, unos granitos, un *puñadito*. Todas menos esa medida totalmente abstracta —«lo que admita»— para referirse a la harina que se le echa a la masa con aceite de las hojuelas. Mi padre, de manos grandes y carnosas, era un poco más difícil de seguir. Además, su tolerancia extrema al picante podía provocar que acabaras comiendo fuego si no disminuías la cantidad de chiles o salsa picante que él te indicaba. Y luego, claro, estaban los truquitos y secretos que poco a poco fui aprendiendo y descubriendo.

A mis padres les dedico estas recetas; ella podrá disfrutarlas desde la tierra y él desde el cielo.

FIDEOS GUISADOS CON PAVO

Para 4 personas, como plato principal:

500 g de fideos cortos gruesos o de espaguetis partidos en dos o tres. (Pido disculpas de antemano a mi querida Italia por el sacrilegio. Según las madres, así son más fáciles de comer).

100 ml de aceite de oliva

500 g de pavo deshuesado cortado en cubos, como de un bocado (mejor si es muslo deshuesado, pero con pechuga también se puede hacer)

1 cebolla picada

3 ajos picados

1 pimiento verde picado

400 g de jitomate triturado

Unas hebras de azafrán

1 cucharada rasa de cilantro molido (de semilla, no de hoja)

1 cucharada rasa de comino molido

1 cucharadita de pimienta negra recién molida

Sal para cocer la pasta y para el sofrito

En una cacerola grande lo más plana posible, calentamos el aceite y sofreímos la cebolla, el ajo y el pimiento hasta que esté todo blandito.

Mientras tanto, infusionamos las hebras de azafrán en un poco de agua caliente.

Cuando el sofrito esté hecho, agregamos los trozos de pavo, salpimentamos y echamos el cilantro y el comino. Removemos bien y cocinamos todo unos 15 minutos. Luego añadimos el jitomate triturado y lo cocinamos todo hasta que el aceite asome un poco encima del jitomate. Incorporamos la infusión de azafrán y apartamos.

En una olla hervimos la pasta con sal, pero la retiramos antes de que se haga del todo. La mezclamos con el sofrito y un par de cucharones del agua de la cocción de la pasta. Lo ponemos todo al fuego y lo cocinamos hasta que esté a nuestro gusto. Si es necesario o se prefiere un resultado más caldoso, agregamos más agua de la cocción.

CALABACITAS RELLENAS

Esta receta, en su versión fronteriza, lleva como ingrediente *corned beef*, muy popular a ambos lados de la frontera entre La Línea de la Concepción y Gibraltar, herencia del contacto de las dos poblaciones y alimento de conveniencia en los años cincuenta y sesenta, hasta el punto de que se quedó como un clásico para comer frío, cortado como cualquier otro fiambre o a modo de carne molida para rellenos y salsas. Denostado por unos y amado por otros (yo, por ejemplo), fue más de una vez el relleno de mis bocadillos para la playa.

Para 4 personas, como entrante:
8 calabacitas pequeñas blancas
150 g de jamón cocido picado o de corned beef picada
1 huevo grande
¼ de cucharadita de pimienta negra molida
1 cucharada de mejorana seca
1 cebolla cambray muy picada
Pan molido
Harina
Aceite para freír

Primero lavamos bien las calabacitas y las cocemos en agua y sal durante unos 10 minutos. No tienen que quedar muy blandas para que no se partan al rellenarlas. Una vez enfriados, los abrimos por la mitad y, con la ayuda de una cuchara, los vaciamos un poco, lo justo para que quepa el relleno.

Lo que hemos sacado con la cuchara lo ponemos en un bowl junto con el jamón o el *corned beef,* la cebolla picada, la pimienta y la mejorana y un poquito de sal. Batimos el huevo y lo añadimos también. Opcionalmente podemos echar un poco de queso rallado. Para que el relleno tenga algo más de cuerpo y sea fácil de manejar, agregamos a la mezcla 2-3 cucharadas de pan molido.

Mezclamos bien todo y rellenamos las calabacitas hasta el filo. Los enharinamos, sacudimos el exceso de harina y los freímos en abundante aceite caliente hasta que se doren.

CHUTNEY DE MANGO

3 mangos
120 ml de vinagre de sidra o de manzana
200 g de azúcar morena
1 chile de árbol cortado por la mitad
1 trozo de jengibre picado
1 diente de ajo picado
5 vainas de cardamomo verde
1 cucharadita de semillas de neguilla
1 hoja de laurel
½ cucharadita de sal

Pelamos los mangos, retiramos el hueso y los cortamos en trozos pequeños o en láminas.

Mezclamos el mango con el vinagre y lo dejamos a fuego lento hasta que se pongan blandos. Añadimos el ajo picado, el jengibre, el chile, la neguilla, los cardamomos, la hoja de laurel y la sal. Cocinamos todo unos 15 minutos.

Retiramos el cardamomo, el chile y el laurel. Añadimos el azúcar y lo dejamos al fuego hasta que se espese.

HUEVOS ESCOCESES

Entrante para 4-6 personas:
12 huevos de codorniz cocidos
500 g de carne molida de cerdo
1 cucharadita de salvia
La ralladura de un limón
¼ de cucharadita de nuez moscada
Un poquito de mejorana
Un poquito de hierbabuena
Pimienta negra
Sal
2 huevos batidos

Pan molido
Aceite para freír

Mezclamos la carne con la ralladura de limón, la sal, las hierbas y las especias.

Pelamos los huevos de codorniz. Tomamos una pequeña cantidad de carne aderezada y cubrimos con ella un huevo. Repetimos lo mismo con todos.

Calentamos el aceite. Pasamos las bolitas por pan molido, huevo y —de nuevo— pan molido. Las freímos hasta que queden doradas.

Se pueden comer fríos o calientes.

POLLO PERSA CON GRANADA Y PISTACHES

Para 4 personas:
700 g de pollo en trozos grandes con piel
2 chalotas
3 dientes de ajo
2 hojas de laurel
2 cucharadas de aceite de oliva extra virgen
2 vasos de agua fría
Sal al gusto
300 ml de jugo de granada
3 cucharadas de azúcar moscabada o morena
1 cucharada de mantequilla
½ cucharadita de azafrán
Los granos de una granada fresca
30 g de pistaches picados y 30 g de almendras picadas

Infusionamos en un poco de agua caliente el azafrán y reservamos.

Precalentamos el horno a 180 °C.

Cortamos las chalotas a lo largo en cuartos y machacamos los ajos. Lo doramos todo en el aceite en un sartén con bastante fondo. Añadimos el pollo y lo cocinamos de cada lado unos 10 minutos, procurando que se dore. Ahora echamos los vasos de agua fría, las hojas de laurel y algo de sal, y lo cocinamos durante unos 15 minutos a fuego bajo y tapado.

Con cuidado, pasamos los trozos de pollo a una bandeja de horno y los bañamos con una taza del caldo del sartén.

En un bowl pequeño fundimos la mantequilla en un poco del caldo del sartén y lo mezclamos con la infusión de azafrán y un poco de sal. Con esta salsa pintamos los trozos de pollo.

Horneamos el pollo alrededor de 30 minutos, pintando de vez en cuando los trozos con el resto de la salsa de mantequilla y azafrán.

Mientras tanto, preparamos la salsa de granada.

En un cazo volcamos el resto del caldo del sartén, agregamos el jugo de granada y el azúcar. Llevamos todo a ebullición y bajamos el fuego. Dejamos reducir hasta que la salsa esté oscura e intensa en sabor. Esto nos llevará aproximadamente 30 minutos.

Cuando esté lista, añadimos ¾ partes de los granos de granada y apagamos el fuego. Ahora calentamos un poco los pistaches y las almendras en el horno sin que lleguen a tostarse.

En una bandeja para servir no demasiado profunda, ponemos la salsa de granada. Colocamos los trozos de pollo y los bañamos con la salsa de la bandeja del horno, no con la de granada.

Decoramos con los pistaches, almendras y granos de granada restantes.

CURRY DE CORDERO CON CHABACANOS

Para 4 personas:

100 g de chabacanos secos
400 ml de agua
50 ml de aceite
2 cebollas picadas finas
1 cucharada de jengibre rallado
2 dientes de ajo picados
1 vara de canela
6 cardamomos verdes
1 cucharadita y ½ de pimienta cayena molida
½ cucharadita de comino molido
2 jitomates triturados (o 250 g de jitomate triturado)
700 g de cordero para guisar
¼ de cucharadita de garam masala
¼ de cucharadita de pimienta negra molida
Sal
1 cucharadita de vinagre
1 cucharadita de azúcar

Sumergimos los chabacanos en 200 ml de agua con un poquito de vinagre durante 1-2 horas si no tienen hueso, o durante 3 si lo tienen.

En una cazuela calentamos el aceite y doramos las cebollas picadas finas durante 10 minutos. Añadimos los ajos picados y la cucharada de jengibre rallado. Unos 3 minutos más tarde agregamos la de canela y los cardamomos. Poco después incorporamos el chile en polvo y el comino. Removemos todo bien.

Echamos el jitomate triturado y cocemos todo 5 minutos. Ahora añadimos la carne, el garam masala y la pimienta. Vertimos 200 ml de agua y sal y lo dejamos cocer a fuego lento hasta que termine la cocción. Agregamos entonces el vinagre, el azúcar y los chabacanos bien escurridos. Dejamos otros 10 minutos al fuego y servimos con arroz.

POLLO ASADO CON ESPECIAS CAJÚN

Para 4 personas:
120 ml de aceite de oliva
2 cucharadas de vermú
2 cucharadas de Southern Comfort
1 cucharada de azúcar
1 cebolla morada picada
½ pimiento verde picado
1 tallo de apio picado
2 cucharadas de ajo picado
1 cucharada de mezcla cajún/criolla
1 pollo de 1 kg cortado en dos o en trozos grandes

Mezclamos en un bowl todos los ingredientes menos el pollo.

Colocamos el pollo en una bolsa o en un táper bien cubierto con la mezcla. Tapamos bien y lo dejamos marinar en el refrigerador toda la noche.

Lo ideal es hacerlo a la barbacoa, pero si lo hacemos en el horno, precalentamos a 180 °C. Asamos el pollo al menos 1 hora y, cuando esté hecho, ponemos el grill para tostar la piel. Si tenemos rejilla, colocamos una bandeja de horno para recoger todos los juguitos y así evitamos que el pollo se cueza en lugar de asarse.

CERDO CARIBEÑO CON RON Y PASAS

Para 4 personas:
1 kg de cerdo en trozos (cabezal o solomillo)
½ taza de pasas

¼ de taza de ron
1 cucharada de granos de pimienta
1 cucharada de granos de cilantro
2-3 semillas de anís estrella
1 cebolla picada
3 escalonias picadas
2 ajos picados
1 cucharadita de jengibre molido
½ cucharadita de cúrcuma
1 chile habanero picado
3 tazas de caldo
2 cucharaditas de maicena

Tostamos en un sartén el cilantro, la pimienta y las semillas de anís estrellado. Apartamos, dejamos enfriar y majamos todo en un mortero.

En el mismo sartén ponemos un poco de aceite y sofreímos la cebolla, las escalonias y los ajos. Luego añadimos las especias que hemos molido y lo cocinamos todo un par de minutos. Incorporamos el cerdo y la sal y sofreímos todo 1 minuto. Luego agregamos el jengibre, el chile y la cúrcuma.

Cuando la carne esté casi hecha, echamos el caldo y las pasas con el ron. Lo dejamos al fuego unos minutos. Luego añadimos la maicena diluida en un poco de agua fría y lo cocinamos todo hasta que se espese.

GALLETAS SALADAS

150 g de harina de trigo
2 cucharaditas de curry en polvo
115 g de mantequilla
75 g de queso cheddar rallado
2 cucharaditas de semillas de amapola
1 cucharadita de semillas de neguilla
1 cucharadita de semillas de alcaravea
1 yema de huevo

En un bowl mezclamos la harina con el curry. Luego añadimos la mantequilla y mezclamos todo hasta obtener la apariencia de migas de pan. Ahora agregamos el queso y las especias, así como la yema de huevo. Mezclamos todo con una cuchara de madera hasta obtener una masa.

La envolvemos y la dejamos enfriar en el refrigerador 30 minutos. Luego la estiramos, cortamos con un molde para galletas y volvemos a enfriar 15 minutos.

Horneamos las galletas a 190 °C en un horno precalentado hasta que estén doradas. Se pueden comer frías o calientes.

MASALA DE BERENJENA Y JITOMATE

Para 4 personas:
3 cucharadas de aceite
¼ de cucharadita de asafétida
5 hojas de curry
1 cucharadita de semillas de mostaza negra
1 cebolla mediana cortada en tiras
2 jitomates medianos troceados
3 ajos troceados
½ cucharadita de cúrcuma
1 berenjena cortada en cubos
3 cucharadas de concentrado de jitomate
½ cucharadita de sal
¼ de cucharadita de pimienta cayena molida
1 cucharadita de comino molido
2 cucharaditas de coco rallado
4 cucharadas de agua

En una olla calentamos el aceite a fuego medio y freímos el asafétida y las hojas de curry con cuidado de no quemarlas. Añadimos la mostaza. Cuando empiece a crepitar, agregamos la cebolla, el jitomate en trozos y los ajos. También echamos la cúrcuma. Lo dejamos todo al fuego un par de minutos.

Ahora incorporamos la berenjena y el concentrado de jitomate. Removemos bien. A continuación añadimos la sal, la cayena y el comino. Vertemos las cucharadas de agua, removemos bien y cocinamos a fuego medio unos 15 minutos, removiendo de vez en cuando, hasta que la berenjena esté blanda.

Ponemos el coco y lo dejamos al fuego unos minutos más.

BOURBON PECAN CAKE

8 cucharadas de mantequilla a temperatura ambiente
100 g de azúcar mascabada
2 huevos grandes
400 g de harina
Una pizca de sal
2 cucharaditas y ½ de levadura
120 ml de jarabe de maple
120 ml de bourbon
300 g de nueces pecanas troceadas

Precalentamos el horno a 180 °C.

En un bowl ponemos la mantequilla y la batimos con la batidora eléctrica, añadiendo poco a poco el azúcar. Luego agregamos los huevos de uno en uno, batiendo bien cada vez.

En otro bowl, tamizamos la harina, la levadura y la sal. Incorporamos el jarabe, el bourbon y la crema de mantequilla, azúcar y huevos. Después de batir bien, echamos las nueces.

Engrasamos un molde de *plum cake y* volcamos la mezcla en él, suavizando la superficie con una cuchara.

Horneamos durante 45-50 minutos. Dejamos enfriar 10 minutos, desmoldamos y dejamos enfriar completamente.

JAMBALAYA DE CERDO Y LANGOSTINOS

Para 4 personas:
100 g de panceta ahumada en trozos
200 g de chorizo criollo
2 cebollas grandes picadas
2 tallos de apio picados
2 cucharadas de ajo picado
1 pimiento morrón verde grande picado
1 pimiento morrón rojo italiano picado
300 g de panceta de cerdo fresca
3 hojas de laurel
1 cucharadita de tomillo
1 lata de 400 g de jitomate troceado
1 puñado de perejil fresco picado

Sal pimienta negra
Pimienta cayena molida
Paprika
¼ de kg de almejas
500 g de arroz basmati
300 g de camarones crudos
750 ml de caldo de carne o de pescado (como mínimo)

En un sartén freímos la panceta de cerdo fresca en cubos. Cuando estén hechos y hayan soltado la grasa, añadimos el chorizo criollo en trozos y lo freímos todo unos 8 minutos. A continuación incorporamos las cebollas; cuando estén blanditas, echamos el apio, el ajo y los pimientos morrones.

Agregamos la panceta ahumada, las hojas de laurel, el tomillo, el jitomate, el perejil, la sal, la pimienta, la pimienta cayena y la paprika. Sofreímos todo unos 10 minutos y vertemos el caldo.

Añadimos el arroz previamente enjuagado para deshacernos del exceso de almidón y removemos bien. El líquido debería cubrir el arroz como medio centímetro encima. Si fuera necesario, pondremos más caldo o agua.

Cuando el arroz esté casi hecho, incluiremos los camarones pelados y cocinaremos todo unos minutos más. Se puede servir con salsa picante.

SALMÓN CON TARATOR

Para 4 personas:
4 lomos de salmón con piel, de unos 200 g cada uno
Sal

Para la salsa:
3 yogures griegos
3 cucharadas de tahini (pasta de ajonjolí)
2 ajos picados
El jugo de ½ limón
Un poco de sal

Para la ensalada:
50 g de pistaches picados o nueces
1 manojo de cilantro fresco con sus tallos
1 pimiento morrón rojo

1 cebolla morada
Unas hojas de menta
Jugo de limón
Pimienta negra
2 cucharadas de zumaque
Aceite de oliva
Sal

Envolvemos en papel aluminio cada trozo de salmón con un poquito de sal. En un sartén a fuego medio cocinamos 10 minutos por cada lado los papillotes de salmón. Podemos abrir los papillotes para comprobar si el pescado está hecho. Si es necesario, los cocinamos unos minutos más, pero no demasiado para que no se sequen.

En un bowl mezclamos los ingredientes de la salsa y en otro los ingredientes de la ensalada, bien picaditos y condimentados.

Cuando el salmón se enfríe, limpiamos los lomos procurando separarlo en trozos no demasiado pequeños, ya libres de exceso de grasa y de piel. Los vamos colocando en una fuente.

Minutos antes de servir, cubrimos el pescado con una capa de salsa de yogur y otra de ensalada y servimos inmediatamente.

Semillas de apio

Ajwain

Comino

Alcaravea

Anís

Comino negro

ÍNDICE DE ESPECIAS Y RECETAS

D

E

F

G

H

AGRADECIMIENTOS

En este libro hay un pedacito de mucha gente a la que quiero y que lo han hecho posible gracias a sus conocimientos, cariño, logística y talentos varios.

Sara, Ana y Roberta me acogieron en su escuela hace muchos años. Allí cambié los diccionarios de francés por los sartenes. Y allí sigo, compartiendo ese maravilloso espacio que es A punto.

A Sara le agradezco además que me presentara a David, editor de este libro y que aceptó mi proyecto con una alentadora sonrisa. Gracias, Sara, también por ese prólogo lleno de amor y reconocimiento.

A mi familia le agradezco el apoyo y las palabras de cariño. Sin amor es difícil crear algo tan personal.

A Beto, mi amor, le doy las gracias por su paciencia, consejos prácticos y por la capibara Nelken, que me ha acompañado en todo el proceso y que ha dibujado más de una sonrisa cuando me atascaba y la miraba con carita de circunstancias.

Pablo, gracias por las magníficas fotos y por todas las enseñanzas y los bocadillos compartidos con tazas de té mañaneras.

A Ángel, Sergio, Irene, Gloria y a Carlos tengo que darles las gracias por sus telas y sus *cacharrismos* que sirvieron para el montaje de las fotos.

Carlos, gracias también por tus consejos y tus conocimientos.

Maru, gracias porque cuatro ojos ven más que dos y los tuyos han sido valiosos en más de una ocasión.

Gracias a todos mis amigos y a los amigos de Spicy Yuli por su lealtad y arrope incondicionales.

Por último, quiero darme las gracias a mí misma por haber sido capaz de cumplir mi sueño y compartirlo con todos los que me rodean.